구멍 난 복음을 기워라

구멍난 복음을 기워라

박영철

규장

참된 복음적 삶을 누리고 있는가

오늘 우리는 복음의 딜레마를 안고 살아갑니다. 복음이 진정 복음
으로 드러나지 못하는 딜레마입니다. 복음의 언어는 풍성하지만
복음의 능력을 보지 못하고 있습니다. 그래서 세상은 복음의 메시
지를 신뢰하지 못하기에 이르렀습니다. 그리고 그 복음을 전하는
교회마저 등지게 되었습니다.

박영철 교수님은 평생 신학교에서 "전도학"을 가르치신 분으로서,
복음으로 변하지 못하는 교회와 교인을 보며 깊이 고민해왔습니
다. 그 고민의 해답으로 이 중요한 저작을 내놓으셨습니다. 그것
은 구멍 난 복음의 메시지를 다시 온전케 하는 일입니다. 복음 자
체의 문제가 아닌 우리가 전하는 전도의 형태에 드러난 구멍을 깁
는 일입니다.

예컨대 구세주는 강조하면서 더 중요한 예수의 주님 되심을 강조
하지 않은 것. 예수의 죽으심의 의미를 강조하면서 더 중요한 그분
의 부활을 강조하지 못한 것. 참으로 복음 전도의 핵심은 예수의
주인 되심을 강조하는 것이라고. 예수를 믿는다고 하면서도 여전
히 내가 주인 된 삶을 내려놓지 못한다면 과연 그것이 진정한 구원
인가의 근원적 물음을 제시하고 있습니다.

어쩌면 이 책은 한국교회가 직면한 모든 질문에 대한 궁극적 해답일지 모릅니다. 저는 복음의 동역자로서, 참된 복음의 의미와 복음적 삶, 목회를 고민하는 모든 분들에게 이 책을 추천합니다.

이동원 | 지구촌교회 원로목사

신앙 따로, 생활 따로의 이중성 극복하기

박영철 교수님은 오늘날 한국교회의 위기 상황에 대하여 가슴을 치는 애통함으로 이 책을 쓰고 있습니다.

복음은 "모든 믿는 자들에게 구원을 주시는 하나님의 능력"입니다. 이 말은 믿는 자들의 모든 죄를 영원히 그리고 완전히 사해주는 능력이며, 더욱 거룩하고 의로운 삶을 살도록 계속 성장·발전하게 하는 능력이라는 의미입니다. 성경에 나오는 초대 교인들은 복음을 통해 그들의 삶이 영원히 변화되었을 뿐만 아니라 그 복음을 위해 목숨까지 바치는 순교를 마다하지 않았습니다.

그러나 오늘날 한국교회의 현실은 그렇지 못합니다. 너무나도 자주 신앙 따로, 삶 따로의 모습을 보곤 합니다. 저자는 이런 현실을 애통하는 마음으로 바라보면서 "우리가 과연 복음을 제대로 이해하고 있는가?"라고 질문합니다. 그리고 우리가 그동안 믿고 가르쳐왔던 복음 메시지에 문제가 있었다고 지적하면서 그것을 "복음 메시지에 생겨난 구멍들"이라고 말했습니다. 그 핵심은 예수님을 주님(Lord)이 아니라 구세주(Saviour)로만 소개하고 있다는 것입니다. 이로 인해 신앙과 생활의 괴리현상이 나타나는 것이라고 지적합니다.

구원은 확신하는데 삶은 여전히 자신이 주인이 되어 살아가는 복음은 성경 어디에서도 찾아볼 수 없습니다. 예수님을 '주'(Lord)라고 고백하는 것은 예수님의 신성에 대한 동의만을 의미하는 것이 아닙니다. 그동안 자신이 주인이 된 삶을 살았던 것에 대하여 진정으로 회개하고, 예수님이 주인이 되신 삶을 사는 것입니다. 그때, 주님이신 예수님으로부터 모든 풍성함을 공급받아 그분의 풍성함을 누리는 자가 되고 성령의 열매를 맺는 삶을 사는 것이 자연스러운 일이 됩니다.

예수님의 주재권에 대한 문제는 여전히 논쟁거리이지만, 우리가 교리에 초점을 두지 않고, 부활하셨고 우리와 함께하시는 인격이신 주님께 초점을 두면, 얼마든지 극복될 수 있을 것입니다. 이 책을 통하여 한국교회 안에 삶의 변화와 진정한 복음 전도의 열매가 맺히는 놀라운 일들이 일어나기를 소원합니다.

유기성 | 선한목자교회 담임목사

구멍 난 복음 메시지의 핵심

저는 저자와 40여 년 동안 신학대학의 교수와 목회자로 함께 동역해왔습니다. 저자는 평생 주 예수 그리스도의 복음 전파에 헌신하면서 제자훈련과 셀 교회운동에 혼신의 힘을 기울인 주 예수 그리스도를 지극히 사랑하는 제자입니다. 그러나 그동안 복음전파의 결과로 그리스도의 제자가 된 이들의 삶의 변화가 이루어지지 않음을 보며, 그 이유에 대해 깊이 고민하는 가운데 우리가 전해왔던 복음 메시지에 구멍이 난 것을 발견하였습니다.

저자가 발견한 구멍 난 복음 메시지의 핵심은 사람들이 "예수님을 죄에서 구원해주시는 구세주로만 믿는가? 예수님이 하나님이시며 우리 인생의 주인으로 믿고 의지하는가?"에 대한 답을 찾는 것이었습니다.

이 책을 읽는 독자들이 예수님을 주님으로 영접하여 순종함으로 풍성한 생명과 평안을 누리는 삶을 살게 되길 소망합니다. 더 나아가 주 예수 그리스도의 복음을 올바로 전하여 듣는 자들이 살아 있는 교인이 되도록, 그리하여 주 예수 그리스도의 지상 명령이 완수되기를 소망합니다.

이정희 | 전 침례신학대학교 총장, 주님의기쁨교회 원로목사

복음의 본질에 대한 깊이 있는 통찰

저자는 이 책을 통해 기독교의 핵심인 '복음'에 대해 날카롭고도 깊이 있는 질문을 던지고 있다.

"복음은 무엇인가?"

"우리가 전하는 복음 메시지는 아무런 문제가 없는가?"

기독교인은 누구나 복음을 압니다. 그러나 안타깝게도 '복음'을 단지 처음 예수 믿고 구원받을 때 필요한 것으로 생각하는 이들이 적지 않습니다. 그러나 복음은 구원을 주시는 하나님의 능력일 뿐 아니라, 우리가 매일 붙잡고 살아가야 하며, 생명을 걸고 전해야 하는 것입니다.

이 책은 복음의 본질과 함께 현대 복음 메시지의 한계와 문제점에 관한 깊이 있는 통찰을 제공합니다. 특히 저자는 그동안 십자가

중심의 복음 메시지에서 간과되어온 그리스도의 부활이 우리의 신앙과 복음에 있어 얼마나 핵심적인 것인지 지적하고 있습니다. 부활은 기독교의 심장이자 교회의 근원이며 복음의 핵심입니다.

또한 "죄에 대하여라 함은 그들이 나를 믿지 아니함이요"(요 16:9)라고 하신 예수 그리스도의 말씀처럼 우리의 복음 메시지가 전해야 할 가장 근원적인 죄는 바로 '예수 그리스도를 믿지 않는 죄'임을 그리스도의 주 되심과 함께 명확히 제시하고 있습니다.

"죄, 십자가, 부활, 회개, 영접."

복음의 핵심 메시지를 이 다섯 가지의 주제로 소개하고 있는 본서를 통해 독자들은 성경이 말하는 복음이 무엇이며, 현대 복음 메시지에서 간과되어온 '구멍'이 무엇인지 선명하게 보는 눈이 열릴 것입니다. 셀 교회론의 권위자이자 평생을 신학교수로서 헌신한 저자가 깊이 있는 통찰과 복음에 대한 열정으로 기록한 이 책을 독자들에게 자신 있게 추천합니다.

김성로 | 춘천한마음교회 담임목사

그리스도인의 삶의 시작과 완성

먼저 몇 가지 질문을 던지고 싶습니다.

"그리스도를 구세주와 주님으로 부르는 차이를 알고 계신가요?"

"사람들이 생각하는 도덕적 관점에서의 죄와 성경이 말하는 죄의 개념이 같은가요?"

"기독교 신앙 바퀴의 중심축은 십자가인가요? 부활인가요?"

만일 이 질문들에 확신 있게 대답하실 수 없다면 이 책을 읽으셔야만 합니다. 이 책은 침례신학대학에서 35년 동안 다음세대 목회자를 가르치고 훈련하신 박영철 교수님의 최고 작품입니다. 교수님은 사람을 변화시키지 못하는 복음의 능력에 대해 오랫동안 깊은 고민을 하셨습니다. 그리고 한 가지 중요한 사실을 깨달았습니다. 복음이 문제가 아니라 복음을 전하는 메시지에 문제가 있다는 것이었습니다. 복음은 완벽합니다. 그러나 복음 메시지의 주요 영역에서 어떤 구멍이 뚫려 있는지를 정확하게 지적하였습니다.

그리스도인은 복음의 사람들입니다. 복음은 그리스도인의 삶의 시작이며 완성입니다. 오늘 이 책이 구멍 난 복음의 지식을 다시 회복해주는 귀한 도구가 될 것을 확신하면서 기쁜 마음으로 추천합니다.

조경호 | 대전대흥침례교회 담임목사

한국교회의 약점 회복하기

한국교회가 이해하고 있는 복음의 내용을 가장 잘 보여주는 것은 "예수 천당, 불신 지옥"이라는 표현일 것입니다. 기쁜 소식은 예수님을 믿기만 하면 죄를 사함 받고 값없이 의롭다 함을 얻고 천국이 보장되었다는 점입니다. 이렇듯 엄청난 선물이 거저 주어지는데 제 정신을 가진 사람이라면 왜 망설이는가를 강조했습니다. 복음을 제대로 이해했는지의 확인은 천국에 갈 확신이 있는가의 여부였습니다. 그러나 이런 복음에 큰 함정이 있다는 불편함을 항상 느껴왔습니다. '우리가 복음을 박리다매하기 위해서 지나치게 도매금으로 할인 세일을 하고 있는 것은 아닐까'라는 두려움이 있었습니다.

실제 죄 용서가 결정적인 하나님의 은혜인 것은 맞지만 엄밀히 말한다면 이는 하나님과의 올바른 관계로 돌아오는 입문 과정일 뿐입니다. 천국에 간다는 것은 하나님이 마지막에 주시는 선물일 뿐입니다. 복음의 핵심은 창조주이시고 나의 주인이시며 나의 하나님이신 분을 제대로 인정하고 그것을 인정하는 삶을 살아가는 것입니다. 나의 삶에서 복음이 드러나야 합니다. 존 스토트는 오늘날 교회의 가장 큰 도전은 복음의 가시성(可視性)을 회복하는 것이라고 지적했습니다.

본서는 한국교회의 이런 약점들을 통쾌하게 지적하면서 회복할 것을 도전하고 있습니다. 예수님이 나의 주인이 되시는 것은 헌신의 열매가 아니라 그것 자체가 바로 복음이어야 합니다. 망설임 없이 이 책을 강력하게 추천합니다.

이현모 | 침례신학대학교 선교학 교수

값싼 복음의 함정을 직시하라

바울은 "복음은 모든 믿는 자에게 구원을 주시는 하나님의 능력"이라고 선언합니다(롬 1:16). 이 복음의 능력은 바울뿐 아니라 사도행전에 등장하는 초대교회 성도들의 삶과 사역 가운데 현저하게 나타납니다. 이들이 경험한 복음의 능력을 접할 때마다 한 가지 의구심이 생깁니다.

'왜 이런 능력이 나의 삶과 오늘날 많은 그리스도인들의 삶 가운데 나타나지 않을까?'

이 책은 이 의구심에 대한 원인과 해답을 담고 있습니다. 한 마디로 우리들이 믿고 전하는 복음에 구멍이 생겼다는 것입니다. 이는 복음 자체에 문제가 있다는 뜻이 아니라, 복음에 대한 우리의 이해와 복음을 전하는 우리의 방법 혹은 과정에 구멍(문제)이 생겼다는 것입니다.

저자는 복음을 다섯 가지 핵심 부분(죄, 십자가, 부활, 회개, 영접)으로 나누고, 각각 어떤 구멍이 생겼는지 지적합니다. 인간을 대상으로 한 윤리적인 죄를 강조하면서 하나님을 대적하여 자신을 주인으로 삼은 근본적인 죄를 지적하지 않은 것, 십자가의 대속을 통한 죄사함과 칭의 및 구원을 강조하면서 복음의 핵심인 부활을 충분히 부각시키지 않은 것, 도덕적이고 윤리적 죄에 대한 회개를 외치면서 하나님의 주권에 도전한 죄에 대한 회개를 요구하지 않은 것, 그리고 예수님을 구세주로 제시하면서 그분이 나의 삶에 절대적인 주권자(주님)임을 각인시키지 않은 것입니다. 이러한 구멍들을 깁는 방법은 자신의 주권을 포기하고, 부활의 능력을 믿으며, 예수님을 주님으로 받아들이는 것입니다.

그동안 복음이 값싼 것으로 전락했고, 본질이 많이 훼손되었으며, 많은 구멍들이 생겼다는 저자의 예리한 진단에 전적으로 동의합니다. 그리고 이러한 구멍들을 기워야 한다는 저자의 호소에 나의 목소리를 더하고 싶습니다. 그래서 복음을 사랑하고 복음의 능력을 경험하기를 원하는 모든 사람과 복음을 전하고 가르치는 모든 사람들에게 이 책을 꼭 읽어보기를 강하게 추천합니다.

손상원 | 미국 사우스웨스턴 침례신학대학원 신약학 교수

나는 오랫동안 복음의 능력은 다음과 같은 것들이라고 믿어
왔다.

- 복음은 그것을 믿는 자들의 모든 죄를 영원히, 그리고 완전히 사
  해주는 능력이 있다.

- 그렇게 사죄함을 받은 사람들이 더는 죄에 반복적으로 빠져들지
  않게 하는 능력이 있다.

- 더 나아가 그리스도인이 거룩하고 의로운 삶을 살도록 성장시키
  고 발전시키는 능력이 있다.

하지만 많은 이들이 복음의 능력을 고작 천국행 티켓 정도로

생각한다. 아무리 생각해도 복음은 천국에 대한 확신 그 이상인 것이 분명한데 왜 현실에서는 그 이상의 능력이 보편적인 모습으로 나타나지 않는 것일까? 사도들을 비롯하여 신약성경에 나타나는 초대 교인들은 복음을 통해 그들의 삶이 영원히 변화되었을 뿐만 아니라 복음을 위해 목숨을 버리는 순교를 마다하지 않았다. 복음은 그들에게 실제적인 능력이었다. 그러나 오늘날의 그리스도인들은 천국의 확신을 가지고도 왜 복음이 삶 속에서는 녹아들지 않아 신앙 따로, 삶 따로가 되어버렸는가?

복음 메시지에 구멍이 났다

이러한 상황을 생각하는 가운데 '오늘날 우리는 과연 복음을 제대로 이해하고 올바르게 소개하고 있는가'에 대한 의구심이 일었다. 복음을 제대로 이해하고 믿는다면 필시 구원의 확신은 삶의 변화를 적극적으로 일으킬 수밖에 없다는 사실에 주목하면서, 그간 꾸준히 복음의 내용 자체를 살펴보는 일에 매진해왔다. 이러한 관심의 결과 지난 수십 년 동안 믿고 확신하며 가르쳐온 복음 메시지에 적지 않은 구멍들이 있음을 확인하게 되었고, 이로 말미암아 화들짝 놀라지 않을 수 없었다.

'아니, 그동안 목숨 걸고 전해온 복음 메시지에 이렇게 심각한 구멍들이 있었다니!'

한 걸음 물러서서 복음 메시지를 구성하는 몇 가지 요소들을 살펴보았을 때 복음을 곡해하거나 오해하게 만드는 소지가 있음을 발견할 수 있었다. 우리가 전하는 복음 메시지가 처음부터 복음을 오해하게 만들고 있으며 그러한 오해의 소지를 나는 "복음 메시지에 생겨난 구멍들"이라고 불러본다.

복음은 우리 그리스도인들이 생명같이 여기는 기독교 신앙의 핵심이다. 그런데 이 복음에 구멍이 생겼다는 것이다. 아니, 복음 자체는 구멍이 있을 수 없다. 복음은 모든 죄인들을 구원하는 하나님의 온전한 능력이기 때문이다. 사도 바울이 말한 바와 같이 "복음은 모든 믿는 자에게 구원을 주시는 하나님의 능력"(롬 1:16)이다. 그렇기 때문에 '복음'에 구멍이 있다는 것보다 우리가 전하는 '복음 메시지'에 구멍이 생겼다는 말이 보다 정확한 표현이다.

복음 메시지에 구멍이 났다면 그 메시지는 복음의 내용과 의미를 제대로 담고 있지 못하다는 뜻이다. 이렇게 구멍 난 복음 메시지로는 복음을 제대로 이해할 수 없을 뿐 아니라 온전한 믿음을 가질 수도 없다. 이러한 연유로 예수를 믿고 천국에 갈 확신을 얻었다고 하지만 실제로는 여전히 내가 나의 삶의 주인이 되어 살아가는, 이른바 "믿음 따로, 생활 따로" 신앙이 되는 것이다.

유럽의 기독교가 죽었고 미국의 기독교도 거의 죽어간다는 말은 어제오늘의 이야기가 아니다. 그러한 말이 이제는 한국교회에도 동일하게 들리고 있다. 더욱 슬프고 안타까운 사실은 불신자들이 기독교인들의 허구적인 신앙과 삶을 문제 삼아 차마 입에 담기조차 어려운 욕설로 공격하고 있는데도 제대로 대응할 수 없다는 것이다. 그들이 공격하는 내용 중에 기독교인 스스로가 인정하지 않을 수 없는 부분이 많기 때문이다. 왜 이러한 상황에 빠져버렸는가?

오늘날 기독교인들이 예수님을 믿는 그 믿음의 내용에 문제가 있고 그러한 문제는 복음의 메시지에 구멍이 났기 때문이다. 복음 메시지에 무슨 구멍이 생겼는가?

치명적인 구멍

우리가 그동안 전해온 복음 메시지의 핵심 요소는 다섯 가지로 손꼽을 수 있다. 죄, 십자가, 부활, 회개, 영접이다. 이 다섯 가지 요소를 어떻게 이해하고, 믿으며, 소개해왔는지를 성경에 비추어 되돌아보면 구멍들이 보인다. 그리고 그 구멍들이 복음을 믿고 살아가는 데 치명적이라는 사실을 부인하지 않을 수 없다.

이러한 구멍들이 가져온 문제의 핵심은 예수님을 주님(Lord)이 아니라 구세주(Saviour)로 소개하는 데에 초점이 맞추어져 있는 것이다. 그 결과로 구원의 개념 자체를 오해하게 만든 것이다.

예수님을 구세주로 이해하고 믿는 것이 왜 문제라는 말인가? 그 이유는 두 단어가 가지는 신학적 의미의 차이점 때문이다. 구세주라는 말의 의미가 '이 세상의 죄인들을 구원해주시는 주'라고 한다면 주님이라는 말은 '예수님이 하나님이시며 내 인생의 주인'이라는 의미를 담고 있기 때문이다.

그분을 구세주로 믿으면 죄를 용서받고 지금 당장 죽어도 천국에 갈 수 있다는 확신과 보장으로부터 엄청난 안도감과 함께 기쁨과 감격을 느끼게 된다. 그러한 믿음의 결과로 어느 정도 헌신하는 삶을 살며, 어느 정도 삶의 변화도 경험하게 된다.

그러나 구세주라는 개념에는 그분이 내 삶을 통치하고 다스리시는 하나님이시며 주인이시라는 개념이 빠져 있거나 매우 희미하게 포함될 뿐이다. 따라서 예수님을 구세주라는 사실에 초점을 맞추어 소개하는 것은 그분이 주님이시라는 사실을 간과하게 만들기 때문에 복음 메시지에 커다란 구멍을 만들었다고 할 수 있다.

그리스도인들은 복음의 사람들이다. 복음 때문에 하나님의 자녀로 거듭났고, 복음 때문에 영원한 새생명 가운데로 들어간 자들이다. 그리스도인에게 복음은 영생이자 구원이며, 하나님의 자녀로 태어나고 새로운 피조물이 되게 한 능력이다. 즉, 복음은 그리스도인의 전부이다. 따라서 그리스도인이라면 누구나 마땅히 말과 삶으로 복음 전하는 일을 감당해야 한다.

산상수훈에서 주님은 "이같이 너희 빛이 사람 앞에 비치게 하여 그들로 너희 착한 행실을 보고 하늘에 계신 너희 아버지께 영광을 돌리게 하라"(마 5:16)라고 하셨다. 예수께서 주신 새 계명에서도 "너희가 서로 사랑하면 이로써 모든 사람이 너희가 내 제자인 줄 알리라"(요 13:34,35)라고 하셨다. 복음은 말로만이 아니라 우리의 삶을 통해 적극적으로 선포되어야 한다. 그리스도인들의 복음 증거는 반드시 삶이 뒷받침되어야 한다.

괴물 같은 교인들

그동안 기독교는 효과적인 전도를 위해 다양한 방법들과 전도훈련을 개발해왔다. 수많은 그리스도인들이 복음을 전하기 위해 무수히 많은 피를 흘렸으며 온갖 고난을 감수해왔다. 이러한 피로 물든 역사를 가진 기독교는 특히 지난 반세기 동안 모든 그리스도인들이 복음 전하는 일에 눈을 뜨고 헌신해왔다. 그리고 나름대로 적지 않은 전도의 열매들을 얻기도 했다. 그러나 그러한 노력은 명(明)과 암(暗)이라는 뚜렷한 양면을 동시에 가져왔다.

누구나 알기 쉽게 전한 복음이 많은 사람들에게 복음을 쉽게 이해하고 믿게 하는 결과를 가져왔다는 점은 분명 바람직하고 감사한 일이다. 그러나 그러한 복음 전도가 가져다준 피할 수 없는 어두운 면이 도를 지나칠 정도로 심각한 수준에 이르렀다는 사실에 직면하고 있다. 그것은 복음을 듣고 믿은 사람들이 복음을 단순히 천국 가는 보증수표 정도로 이해하여 구원받았다는 사실에 기뻐하고 만족해하면서 그리스도께 온전히 굴복하는 삶과는 여전히 무관하게 살아가는 이상한 결과를 낳게 되었기 때문이다. 다시 말해, 예수님을 구세주로 소개하고 전해줌으로써 그분을 구세주로 믿기 시작한 개종의 시점으로부터 예수님이 주님이시라는 진정한 복음의 핵심적 개념이 빠져버렸다는 것이다.

이러한 핵심 개념을 제대로 이해하지 못한 채 믿기로 결심한 사람들로부터 예수님을 구세주로는 믿지만 주님으로까지 믿는 것은 부담스럽다고 말하는 것을 어렵지 않게 들을 수 있다. 예수님을 구세주로 믿는 것은 너무도 좋고 감사한데 아직 주님으로까지는 믿고 싶지 않다고 반응하는 괴물 같은 교인들이 양산(量産)되어 온 것이다.

구원을 확신하기 때문에 죄를 지어도 죄책감에 시달리지 않아야 한다며 죄 짓는 일을 두려워하지 않는 태도를 보이는 '구원파'와 크게 다르지 않다고 생각될 만큼 그동안 전해진 복음은 그 본질이 크게 훼손되었다고 해도 과언이 아니다. 구원은 확신하는데 삶은 여전히 자신이 주인이 되어 살아가는 복음은 과연 어디에서 나온 복음인가? 왜 이토록 복음이 왜곡되고 훼손되었는가?

아이러니컬하게도 그동안 간단하고 손쉬우며 효과적으로 복음을 전하기 위해 개발되어온 복음 메시지 전달 방식이 오히려 복음의 내용을 그토록 허약하게 만들어온 것은 아닐까 하는 생각이 든다. 짧은 시간에, 크게 부담을 주지 않고, 쉽게 예수님을 믿을 수 있도록 복음을 인스턴트화한 결과로 예수님을 구세주로만 오해하면서 믿게 되는 결과를 낳았다고 볼 수밖에 없다. 이러한 현상에 대해 문제의식을 느낀 미국의 복음주의 신학자 마이클 호튼(Michael Horton)은《미국제 복음주의를 경계하라》

에서 미국의 상업주의, 개인주의, 실용주의가 낳은 미국제 복음주의를 예리하게 비판한 바 있다.

복음을 5분, 또는 길어야 30분이라는 짧은 시간에 심리적으로 부담을 주지 않고 전하려다보니 필연적으로 복음 메시지를 제대로 전할 수 없는 문제에 직면한다. 그와 동시에 복음 메시지의 초간단화(初簡單化)로 인한 복음의 핵심 내용이 생략 혹은 왜곡되거나 훼손되는 결과를 피할 수 없게 되었다. 이러한 문제가 가져다준 결과가 예수님을 구세주로는 믿는데 주님으로는 아직 부담스럽다는 고백이며, 이로 인한 신앙과 생활의 괴리현상은 오늘날 기독교인들의 고질적인 문제로 부상하게 되었다.

예수님을 구세주로 믿는 것은 구원받았다는 감격과 기쁨을 주고 언제라도 천국에 갈 수 있는 확신을 갖게 해줄 수 있다. 하지만 예수님을 하나님으로, 주님으로 믿기 때문에 자기 인생의 주관자요, 통치자로 믿는다고 고백하는 것은 단순히 예수님을 구세주로 믿는 것과는 그 의미가 너무 다르다.

그러한 믿음의 고백은 자신의 삶을 실질적으로 주관하고 이끌어가는 주인이 더는 자신이 아니라 예수님이라는 의미이기 때문이다. 예수님을 주님의 의미가 아닌, 구세주라는 의미로 믿고 그러한 분으로 영접할 경우 예수님의 역할은 단지 우리가 죽으면 천국 가게 해주는 구세주(救世主) 이상일 수 없다는 점에서 복음의 본질로부터 크게 벗어날 위험성을 안고 있다. 그분께 인생의 무릎을 영원히 꿇고 굴복한 의미에서의 주님이라는 고백이 아닌, 단지 지금 죽으면 천국에 가게 해주는 구세주라는 고백이 과연 구원받는 믿음이라고 말할 수 있을지 의구심을 떨쳐버릴 수 없다.

성경에는 예수님을 믿으면 구원받는다고 약속한 구절들이 많다. 구원을 약속한 많은 구절들 중에서 예수님을 '구주' 또는 '구세주'(Saviour)로 믿으면 구원받는다고 한 구절을 본 적이 있는가? 아무리 찾아봐도 한 군데도 없다. 그러면 성경은 무엇을 말하고 있는가?

믿는 자들에게 구원을 약속한 성경 구절들은 한결같이 그분을 주님(Lord)으로 믿으라고 말한다.

"주 예수를 믿으라"(행 16:31).

"네가 만일 네 입으로 예수를 주로 시인하며…"(롬 10:9).

신약성경에서 예수님을 지칭할 때 '구주' 또는 '구세주'로 언급된 것이 24회인데 반하여 '주'(Lord)로 언급된 것은 무려 433회에 달한다.

이제 우리는 즉각적으로 구세주에 초점을 맞춘 인스턴트 복음에서부터 돌이켜 예수님이 주님이시라는 사실에 초점을 맞춘 온전한 복음을 믿고 전하는 일로 돌아가야 한다.

복음의 핵심 요소 정리

비록 간단하게 요약한 복음 메시지라 할지라도 초점이 구세주 개념보다는 주님 되심에 맞추어지면 이러한 본질적인 왜곡을 피할 수 있다. 이를 위해 복음의 핵심적 요소들을 다시 심각하게 살피고 점검해야 할 필요를 느낀다.

복음의 핵심적 요소들은 다섯 가지로 손꼽을 수 있는데, 이 요소들은 서로가 논리적으로도 맞물려 있기에 어느 것 하나라도 소홀히 다루어서는 안 된다. 복음 메시지에 구멍이 났다는 말은 이 다섯 가지 핵심적 요소들의 개념에 부족함이나 왜곡이 있다는 말이다. 복음은 다섯 요소들로 구성된 하나의 복된 소식이기 때문이다. 복음을 하나의 온전한 소식으로 구성하는 다섯 요소들은 다음과 같다.

죄(罪, The Sin)

십자가(十字架, Cross)

부활(復活, Resurrection)

회개(悔改, Repentance)

영접(迎接, Receiving)

이 책에서 나는 우리가 그동안 이해하고 믿고 소개해온 이 다섯 가지 요소들을 성경에 비추어 재조명함으로써 이에 대한 성경적 이해를 바르게 하는 시도를 했다. 그동안 미처 의식하지 못했던 복음 메시지에 생긴 구멍들을 하나씩 살펴보면서 이 구멍들을 적극적으로 기워서 능력 있는 복음 전도의 열매를 맺고 놀라운 삶의 변화가 일어나기를 간절히 소원한다.

2016년 2월
세종시의 황용리 골짜기에서

박영철

차례

The Sin

죄

CHAPTER 1

죄

우리가 복음의 본질을 이해하고, 믿으며, 복음 안에서 살아가는 일에 실패하는 첫 번째 이유는 죄의 본질을 제대로 이해하지 못하기 때문이다. 마치 와이셔츠의 첫 단추를 잘못 끼우면 나머지 단추들은 자동적으로 잘못 끼워질 수밖에 없는 것처럼 죄에 대한 오해가 복음을 구성하는 다른 요소들에 대한 오해로 이끄는 시작점인 것이다. 따라서 죄에 대한 바른 이해는 복음을 바르고 정확하게 이해하고 믿으며 소개하는 일에 필수적이다.

그토록 열정적으로 믿고 열심히 교회생활을 하며 전도도 하지만, 삶의 변화가 없고 제대로 전도의 열매를 맺지 못하는 이유 가운데 하나는 바로 죄가 무엇이며, 왜 자신이 죄인인지를 분명하게 이해하지 못하기 때문이다. 죄를 이해하는 것은 회개할 죄가 무엇인지를 확실하게 알게 해줄 뿐 아니라 나아가 예수님을 영접하는 과정에서 그분이 누구이시며 또 그분을 어떤 분으로 마음속에 영접하게 되는지를 결정하게 된다는 점에서 복음의 첫 단추요, 출발점이 된다.

지난 40-50년간 오늘날의 복음주의자들에 의해 전해진 복음 메시지를 살펴보면 죄에 대한 내용을 제대로 소개하고 설명해주는 경우를 찾아보기 힘들다는 사실이 그저 놀라울 따름이다. 복음 메시지에 있어서 죄에 대한 이해에 커다란 구멍이 생겼다는 말이다. 비록 모든 전도 메시지가 처음부터 모든 인간이 죄인임을 지적하고 있지만 정작 무엇이 죄인지 그 본질에 관한 설명이 없거나 또는 설명이 있다 할지라도 지극히 추상적인 수준에 그치고 있다. 이렇게 생긴 구멍이 가져오는 당연한 결과로 복음의 첫 단추가 잘못 꿰어질 수밖에 없다.

복음을 절대적으로 필요로 하고 구원받아야 할 사람은 죄인이다. 따라서 자신이 왜 죄인인지를 분명하게 이해하고 그 죄로부터 돌이켜 회개하기를 원하는 사람에게 복음은 그야말로 복된 소식이다. 예수께서도 건강한 사람에게는 의사가 필요 없고 병든 자에게 의사가 필요한 것같이 예수님을 필요로 하는 사람은 스스로를 의인이라고 생각하는 자가 아니라 자신을 죄인이라고 인정하고 그 죄로부터 용서받기를 원하는 사람들이라고 말씀하셨다.

예수께서 들으시고 이르시되 건강한 자에게는 의사가 쓸데없고 병든 자에게라야 쓸 데 있느니라 너희는 가서 내가 긍휼을 원하고 제사를 원하지 아니하노라 하신 뜻이 무엇인지 배우라 나는 의인을 부르러 온 것이 아니요 죄인을 부르러 왔노라 하시니라

마 9:12,13

모든 사람은 죄를 범한 죄인이다

"모든 사람이 죄를 범하였으매 하나님의 영광에 이르지 못하더니"(롬 3:23).

성경은 한 사람도 예외 없이 인간이면 누구나 죄를 범했다고 선언하고 있다. 죄를 범한 주체가 모든 사람이라는 말이다. 비록 아담이 죄를 범함으로써 모든 사람이 죄에 이르게 되었으며 인간이 태어나면서부터 죄성(罪性)을 가지고 태어나는 것은 사실이지만 그러한 죄성을 지닌 모든 인간이 주체적으로 죄를 지은 죄인이라고 말씀하고 있는 것이다. 여기서 예외일 수 있는 사람은 아무도 없다. 위 구절 앞에 나오는 말씀인 로마서 3장 9-18절은 한 사람도 예외 없이 죄를 범한 죄인임을 다음과 같이 구체적으로 지적하고 있다.

그러면 어떠하냐 우리는 나으냐 결코 아니라 유대인이나 헬라인이나 다 죄 아래에 있다고 우리가 이미 선언하였느니라 기록된 바 의인은 없나니 하나도 없으며 깨닫는 자도 없고 하나님을 찾는 자도 없고 다 치우쳐 함께 무익하게 되고 선을 행하는 자는 없나니 하나도 없도다 그들의 목구멍은 열린 무덤이요 그 혀로는 속임을 일삼으며 그 입술에는 독사의 독이 있고 그 입에는 저주와 악독이 가득하고 그 발은 피 흘리는 데 빠른지라 파멸과 고생이 그 길에 있어 평강의 길을 알지 못하였고 그들의 눈앞에 하나님을 두려워함이 없느니라 함과 같으니라 롬 3:9-18

많은 사람들이 아담의 원죄를 믿고 있고 자신이 죄인인 이유가 원죄 때문이라고 말한다. 그런데 이 말 속에는 의도하든 의도하지 않든 자신이 죄를 범한 것이 아니라 아담 때문에 운명적으로 죄인이 되었다는 의미가 강하게 담겨져 있다. 이러한 믿음은 어쩌면 자신은 억울하게 죄인이 되었다고 항변하는 마음이 섞여 있다고 생각할 수도 있다. 그러나 하나님은 모든 사람이 죄를 범했다고 선언하시고 그 죄의 삯이 사망이라고 선포하셨다. 신학적으로 어떻게 설명되든 간에 죄를 지은 주체가 인간 자신인 것이다.

그렇다면 죄란 도대체 그 본질이 무엇이며 어디로부터 온 것일까? 성경은 근원적이고도 근본적인 죄가 하나님과 같아지려고 스스로 하나님의 자리에 올라가는 교만함의 극치를 이룬 사탄이 저지른 것이라고 가르쳐준다. 하나님과 같아지겠다는 죄는 사탄이 원초적으로 범한 죄이다. 죄가 근원적으로 사탄으로부터 시작되었다는 말이다.

사탄은 원래 하늘에서 아름다운 천사장이었다. 그런데 그가 자신의 아름다움과 지혜로 말미암아 교만해졌고, 그 교만은 스스로를 하나님과 동등한 자로 높이는 데까지 나아갔다. 이에 관하여 구약과 신약의 여러 말씀들이 동일하게 말하고 있다. 에스겔서에는 두로 왕으로 지칭된 자가 교만해져서 하나님의 책망을 받는 내용이 소개되었다.

인자야 두로 왕을 위하여 슬픈 노래를 지어 그에게 이르기를 주 여호와의 말씀에 너는 완전한 도장이었고 지혜가 충족하며 온전히 아름다웠도다 네가 옛적에 하나님의 동산 에덴에 있어서 각종 보석 곧 홍보석과 황보석과 금강석과 황옥과 홍마노와 창옥과 청보석과 남보석과 홍옥과 황금으로 단장하였음이여 네가 지음을 받던 날에 너를 위하여 소고와 비파가 준비되었도다 너는 기름부음을 받고 지키는 그룹임이여 내가 너를 세우매 네가 하나님의 성산에 있어서 불타는 돌들 사이에 왕래하였도다 네가 지음을 받던 날로부터 네 모든 길에 완전하더니 마침내 네게서 불의가 드러났도다 네 무역이 많으므로 네 가운데에 강포가 가득하여 네가 범죄하였도다 너 지키는 그룹아 그러므로 내가 너를 더럽게 여겨 하나님의 산에서 쫓아냈고 불타는 돌들 사이에서 멸하였도다 네가 아름다우므로 마음이 교만하였으며 네가 영화로우므로 네 지혜를 더럽혔음이여 내가 너를 땅에 던져 왕들 앞에 두어 그들의 구경거리가 되게 하였도다 겔 28:12-15

이 말씀에 앞서 하나님께서는 에스겔로 하여금 먼저 두로 왕에게 말하라고 명령하셨다. 그 내용은 마귀와 같이 두로 왕의 마음이 교만해진 사실을 다음과 같이 말하라고 하신 것이다.

"너는 네가 신이라고 하고 네가 바다 한가운데 신의 자리에 앉아 있다고 한다마는, 그래서, 네가 마음속으로 신이라도 된듯이 우쭐댄다마는, 너는 사람이요, 신이 아니다"(겔 28:2, 표준새번역).

이는 죄의 근본이 하늘에서 이루어졌고 마귀와 동일하게 두로 왕이 교만해졌음을 알려준다. 또한 이사야서에는 아침의 아들 계명성이라 불린 바벨론 왕에 대한 이야기가 소개되고 있다.

너 아침의 아들 계명성이여 어찌 그리 하늘에서 떨어졌으며 너 열
국을 엎은 자여 어찌 그리 땅에 찍혔는고 네가 네 마음에 이르기
를 내가 하늘에 올라 하나님의 뭇별 위에 내 자리를 높이리라 내
가 북극 집회의 산 위에 앉으리라 가장 높은 구름에 올라가 지극
히 높은 이와 같아지리라 하는도다 그러나 이제 네가 스올 곧 구
덩이 맨 밑에 떨어짐을 당하리로다 사 14:12-15

여기에서도 에스겔서에서 언급된 두로 왕의 경우와 마찬가지
로 바벨론 왕이 자기 스스로를 높이되 "내가… 가장 높은 구름
에 올라가 지극히 높은 이와 같아지리라 하는도다"라고 그의
교만이 하나님의 자리에 올라 스스로 하나님과 같아지려는 것
이었음을 드러내었다.

여기서 주목해야 할 것은 두 경우 모두, 그들의 교만이 본래
는 하늘에 있었던 천사가 하나님과 동등하게 되겠다고 스스로
교만해졌던 사건과 같음을 인용하여 그 왕들의 교만을 책망하
고 있다는 사실이다. 다른 말로 바꾸면, 그들의 교만함이 원래
하늘에서 있었던 사탄의 교만과 동일하다는 말이다. 따라서 이
말씀을 통해 원초적인 죄를 지은 타락한 천사가 죄의 근원임을
잘 드러내주고 있다.

어떤 사람들은 이 말씀이 두로 왕에 대한 언급이며, 바벨론에

관한 언급이지 어떻게 사탄에 관한 언급이냐고 반문하기도 한다. 물론 이 말씀은 일차적으로 두로 왕과 바벨론에 대한 언급이다. 하지만 그들의 교만함은 그들보다 이전에 있었던 하늘의 천사장이 범한 죄와 동일한 교만 죄임을 말하는 것이다. 그들이 스스로 하늘에 올라가 하나님과 같아지겠다고 교만함을 드러낸 것이 아니라 그들의 교만함이 마치 과거 어느 시점에 하나님과 같아지겠다고 교만을 드러냈던 마귀의 행태를 그대로 닮았음을 말하고 있는 것이다.

사탄이 근원적으로 범한 이 교만함은 신약에서도 거듭 확인되고 있다. 베드로는 사탄을 일컬어 "범죄한 천사"라고 했으며(벧후 2:4), 유다 역시 사탄과 악한 영들을 "자기 지위를 지키지 아니하고 자기 처소를 떠난 천사들"이라고 말했다(유 1:6). 이렇게 범죄한 천사요, 자기 처소를 떠난 천사들의 타락한 실상을 사도 요한은 요한계시록에서도 동일하게 다음과 같이 언급하고 있다.

하늘에 전쟁이 있으니 미가엘과 그의 사자들이 용과 더불어 싸울 새 용과 그의 사자들도 싸우나 이기지 못하여 다시 하늘에서 그들이 있을 곳을 얻지 못한지라 큰 용이 내쫓기니 옛 뱀 곧 마귀라고도 하고 사탄이라고도 하며 온 천하를 꾀는 자라 그가 땅으로

내쫓기니 그의 사자들도 그와 함께 내쫓기니라 계 12:7-9

사탄과 동일한 죄를 범한 인간

하나님과 같아지겠다며 교만의 극치를 달리던 사탄은 그 죄로 말미암아 하늘에서 쫓겨났다.

"네 무역이 많으므로 네 가운데에 강포가 가득하여 네가 범죄하였도다 너 지키는 그룹아 그러므로 내가 너를 더럽게 여겨 하나님의 산에서 쫓아냈고 불타는 돌들 사이에서 멸하였도다"(겔 28:16).

이렇게 하나님과 같아지겠다고 교만을 떨며 범죄함으로써 하늘에서 땅으로 내쫓긴 사탄은 이 땅으로 내려와 한시적이긴 하지만 이 세상의 임금이 되었고 이 세상 주관자가 되었다. 이러한 사실을 예수께서 사탄을 지칭하신 언급에서 찾아볼 수 있다. 예수께서는 사탄을 "이 세상의 임금"(요 12:31, 14:30)이라고 불렀다. 성령께서 오실 때 성령 하나님께서 하실 일에 대하여 예수님은 "심판에 대하여라 함은 이 세상 임금이 심판을 받았음이라"(요 16:11)라고 제자들에게 말씀하셨다. 사탄이 예수님을 광야에서 시험할 때 그분을 높은 산꼭대기에 데리고 올라가서 천하만국과 그 영광을 보여주면서 "만일 내게 엎드려 경배하면 이 모든 것을 네게 주리라"(마 4:9)라고 유혹하기도 했다. 이렇듯 하나님은 한시적으로 사탄에게 세상의 권세들을 허용하셨다.

사도 요한은 빛이신 예수께서 세상에 오신 사실과 관련하여 이 세상을 어둠으로 언급했다.

"빛이 어둠에 비치되 어둠이 깨닫지 못하더라"(요 1:5).

사도 바울은 이 세상이 어둠이라는 사실을 그의 서신서에서 분명하게 선언했다.

"그가 우리를 흑암의 권세에서 건져내사 그의 사랑의 아들의 나라로 옮기셨으니"(골 1:13).

이러한 사실은 에베소서에도 잘 나타나 있다.

"그때에 너희는 그 가운데서 행하여 이 세상 풍조를 따르고 공중의 권세 잡은 자를 따랐으니 곧 지금 불순종의 아들들 가운데서 역사하는 영이라"(엡 2:2).

우리가 살고 있는 이 지구의 공중 권세를 잡은 자가 사탄이다. 원래 하늘나라에서 천사장이었던 사탄이 하늘에서 쫓겨나 한시적으로 이 세상에서 어둠의 권세자가 되어 이 세상을 온통 어둠으로 가득 차게 만들었다. 그러한 일은 그가 인간을 유혹하여 자기가 범한 죄와 똑같은 죄를 동일하게 범하게 하는 것으로부터 시작되었다.

어두움의 주관자인 사탄은 이 세상을 지배하고 다스리는 권세를 가진 인간, 하나님의 형상대로 지음 받은 인간을 유혹해 하나님을 대상으로 자신이 지은 죄와 똑같은 죄를 짓도록 만들었다. 그 유혹 사건이 우리가 잘 아는 바와 같이 에덴동산에 있던 선악과를 따먹게 한 사건이다. 그런데 안타깝게도 그동안 우리는 죄의 본질을 이 선악과를 따먹은 불순종으로 이해해왔다. 하나님이 따먹지 말라고 하신 명령을 어기고 불순종한 것을 죄로 이해하고 설명해왔다는 말이다.

그러나 불순종과는 비교도 되지 않는 어마어마한 죄를 범한 사건이 선악과를 따먹은 사건의 본질이다. 사탄은 인간에게 다가와 "너희가 그것을 먹는 날에는 너희 눈이 밝아져 하나님과 같이 되어 선악을 알 줄 하나님이 아심이니라"(창 3:5)라고 유혹했다. "너희가… 하나님과 같이 되어"라고 유혹함으로써 사탄이 하나님께 범했던 것과 똑같은 죄를 인간이 범하게 만들었다.

"내가 지극히 높은 이와 같아지리라"(I will be like the Most High)라고 교만을 떨던 사탄이 인간을 유혹하여 "네가 하나님과 같아지리라"(You will be like God)라고 했다. 사탄과 동일한 죄를 짓고 피조물인 인간이 자기 자신의 주인이 되어 살아가도록 만든 것이다. 이러한 근원적인 죄, 천사를 사탄이 되게 만든 동일한 죄가 인간으로 하여금 사탄의 종이 되게 만들어버렸다. 따라서 근본적인 죄란 인간이 인간을 대상으로 지은 것이 아니라 인간이 하나님을 대상으로 지은 것이며, 자신이 주인이 된 죄임을 분명하게 알아야 한다.

근본 죄로부터 파생된 수많은 죄악들

하나님과 같아지기 위해 자기를 하나님의 자리에 올려놓고 자신이 직접 삶의 주인이 된 인간은 스스로가 모든 판단의 기준이 되었고, 자신이 좋아하는 것을 추구하며 살아가는 존재가 되었다. 자기가 선과 악의 판단자가 되었고 하나님의 자리에까지 올라가 자기 마음대로 모든 것을 좌지우지하는 죄를 범한 자가 되었다. 이러한 인간의 근본적인 죄와 그로부터 파생된 죄악들을 잘 설명해주는 말씀이 로마서이다.

또한 그들이 마음에 하나님 두기를 싫어하매 하나님께서 그들을 그 상실한 마음대로 내버려두사 합당하지 못한 일을 하게 하셨으니 곧 모든 불의, 추악, 탐욕, 악의가 가득한 자요 시기, 살인, 분쟁, 사기, 악독이 가득한 자요 수군수군하는 자요 비방하는 자요 하나님께서 미워하시는 자요 능욕하는 자요 교만한 자요 자랑하는 자요 악을 도모하는 자요 부모를 거역하는 자요 우매한 자요 배약하는 자요 무정한 자요 무자비한 자라 그들이 이 같은 일을 행하는 자는 사형에 해당한다고 하나님께서 정하심을 알고도 자기들만 행할 뿐 아니라 또한 그런 일을 행하는 자들을 옳다 하느니라 롬 1:28-32

이 말씀에 따르면 인간이 마음에 하나님 두기를 싫어했다. 즉 자기가 자신의 주인이 되어 자기 마음대로 살아가는 근원적인 죄를 지었다. 근원적인 죄란 하나님을 거부하고 그분을 무시한 채 자신이 우주의 중심이 되고 주인이 되어 자기를 위해 살아가는 것이다. 이러한 원초적인 죄를 범한 아담의 마음 상태는 오늘날의 인간에게도 동일하게 뿌리박혀 있다.

우리가 불신자들에게 복음을 전하기 위해 기도하고 어렵게 말을 꺼내어 예수를 믿으라고 하면 예수의 "예" 자만 들어도 귀를 막아버리는 모습을 어렵지 않게 볼 수 있다. 예수님이 누구이신지, 복음이 무엇인지, 왜 예수를 믿어야 하는지에 대하여 한 번도 제대로 들어본 적이 없는 사람들조차 동일한 반응을 보이는 이유가 무엇인가? 그 마음에 주인이 되어 자리를 잡고 있는 사탄이 하나님을 믿지 못하도록 방해하기 때문이다. 인간 스스로 자신의 주인이 되게 만들었기 때문이다.

죄를 설명할 때
우선적으로 지적하고 설명해야 할 죄는
두말할 필요도 없이
하나님을 상대로 지은 근원적인 죄다.

하나님을 상대로 그러한 근본 죄를 지은 인간은 자기가 하나님의 자리에 올라 자신의 삶의 주인이 되어 자기 마음대로 사는 자기중심적 존재가 됨으로써 자신의 유익을 위해 동료 인간들을 상대로 수많은 죄악들을 짓고 살아가는 자가 되었다. 29절 이하에 나오는 21가지 죄악들은 모두가 동료 인간들을 상대로 짓는 죄악들로서 그 근원이 마음에 하나님 두기를 싫어하고 하나님이 아닌 자신을 주인으로 삼고 살아가는 근본적인 죄로부터 파생된 수많은 죄악들이다.

구멍 난 죄의 개념

그동안 우리가 전한 복음의 메시지를 다시 분석해보면 복음을 소개받고, 소개함에 있어 첫 번째 요소인 죄를 이해하고 설명하는 부분에 커다란 구멍이 생겼음을 확인하게 된다. 그러한 구멍 난 죄 개념 때문에 복음을 전하는 일에 실패한 뼈아픈 반성을 하지 않을 수 없다. 이제 그 구멍을 깁는 일을 철저하게 해야 한다.

죄를 설명할 때 우선적으로 지적하고 설명해야 할 죄는 두말할 필요도 없이 하나님을 상대로 지은 근원적인 죄다. 즉 자신을 하나님과 동등한 위치에 올려놓고 스스로 하나님과 같이 되어 자신이 주인 된 죄가 우선적으로 지적되어야 하고, 그러한 죄를 인지한 상태에서 자신이 죄인임을 인정하는 것이 필수적이다.

그러나 그동안 우리가 복음을 전할 때 "당신은 죄인인 것을 인정하십니까?"라고 질문하고 상대방으로부터 "네, 제가 죄인임을 인정합니다"라는 대답을 듣게 되면 그다음 단계인 십자가의 사랑에 대한 설명으로 넘어갔다. 그러나 여기에 중대한 허점이 있어서 커다란 구멍이 나 있었음을 발견하게 된다.

사람들은 다른 사람들과의 관계 속에서 지었던 죄악들을 떠올리며 양심의 가책을 받으면서 자신을 죄인이라고 고백하는 경우가 대부분이다. 죄를 인정하는 것은 우선적으로 하나님을 대상으로 지은 죄를 인정하는 것이어야 한다. 물론 다른 동료 인간들에 대하여 행한 수많은 죄악들이 우리가 죄인인 것을 알게 하는 역할을 하기도 하지만 죄의 본질 그 자체에 대하여는 무지한 상태로 남겨둘 수 있다.

나는 신학생들에게 구멍을 기운 복음 메시지를 교육하고 훈련한 뒤에 전도를 실제로 하고 그 보고서를 제출하도록 했다. 어느 날 한 학생이 제출한 보고서에서 한 부분이 눈에 띄었다.

그 학생은 전도 대상자 아주머니에게 가장 먼저 다음과 같이 물었다.

"하나님의 말씀인 성경은 모든 사람이 죄를 범했다고 말씀하고 있는데 당신은 죄인임을 인정하십니까?"

그러자 아주머니는 조금도 주저함 없이 대답했다.

"내가 죄인이 아니면 누가 죄인이겠습니까? 나는 내가 죄인임을 너무나도 잘 알고 있습니다."

너무도 쉽게, 즉각적으로 죄인임을 인정하는 모습에 약간 놀란 학생은 다시 아주머니에게 무슨 죄를 그렇게 많이 졌기에 죄인이라고 말하는가를 질문했다. 그러자 그 아주머니가 구체적으로 말했다.

"그동안 나는 수많은 사람들을 미워하고, 욕하고, 속이고, 아프게 만들었고 그들을 상대로 많은 죄를 지었습니다."

그 말을 듣고 있던 학생이 말했다.

"네? 당신이 말하는 죄와 성경이 말하는 죄는 다른데요?"

그러자 아주머니가 놀라서 물었다.

"무슨 말입니까? 성경이 말하는 죄가 무엇입니까?"

이 말을 들은 학생은 아주머니가 말한 죄악들은 인간을 대상으로 지은 것들인데 그것보다 더 무섭고 심각한 죄는 자신이 하나님과 같아지는 것, 곧 자기가 자신의 주인이 된 것임을 설명했고 이어서 복음을 모두 전했다. 그러자 아주머니는 하나님께 지은 죄와 동료 인간들에게 지은 죄악을 회개하고 예수님을 주님으로 영접하게 되었다.

죄와 죄악들의 궁극적 결과

죄(The Sin)는 하나님을 상대로 범한 것으로서 자기 스스로를 하나님의 자리에 올려놓고 하나님을 무시한 채 자신이 주인이 되어 살아가는 것이다. 이 근본적인 죄는 마귀로 하여금 하늘에서 쫓겨나게 만든 바로 그 죄이다. 하나님을 상대로 지은 이 근본적인 죄를 하나님은 심각하게 여기시고 이 교만 죄를 징벌하신다. 그렇기 때문에 마귀를 하늘에서 쫓아내신 것처럼 마귀와 동일한 죄를 범한 인간을 에덴동산에서 쫓아내셨다.

이러한 근본 죄가 얼마나 심각하고 중대한 것인지를 알려주는 말씀이 있다.

"곧 우리가 원수 되었을 때에 그의 아들의 죽으심으로 말미암아 하나님과 화목하게 되었은즉 화목하게 된 자로서는 더욱 그의 살아나심으로 말미암아 구원을 받을 것이니라"(롬 5:10).

자신을 주인으로 삼은 인간들을 지칭하여 성경은 하나님과 원수 된 자들이라고 말한다.

사도 바울은 골로새서 1장 21절에서 "전에 악한 행실로 멀리 떠나 마음으로 원수가 되었던 너희"라고 하나님과 원수 된 상태를 지적하고 있다. 야고보는 "간음한 여인들아 세상과 벗된 것이 하나님과 원수 됨을 알지 못하느냐 그런즉 누구든지 세상과 벗이 되고자 하는 자는 스스로 하나님과 원수 되는 것이니라"(약 4:4)라고 하나님과 원수 됨의 심각성을 경고했다. 아들의 죽으심과 부활하심이 죄인들을 하나님과 화목하게 만들어 주는데 그분의 대속의 죽으심과 부활하심을 믿지 않음으로써 화목되지 않은 상태의 모든 사람들이 하나님과 원수 된 것이다.

하나님은 모든 죄악들을 싫어하고 미워하시지만 유독 교만 죄는 대적하신다고 성경을 통해 말씀하신다.

"젊은 자들아 이와 같이 장로들에게 순종하고 다 서로 겸손으로 허리를 동이라 하나님은 교만한 자를 대적하시되 겸손한 자들에게는 은혜를 주시느니라"(벧전 5:5).

이 세상에서 가장 비극적인 삶은 하나님과 원수 되어 살아가는 것이다. 동료 인간들과 원수 되는 것도 삶을 참으로 어렵게 만든다. 그러나 인간들 간의 관계에서는 회개하는 마음을 가지고 그 대상자를 찾아가 용서를 구하고 진정성 있는 화해를 청하여 상대방이 마음을 열고 받아줄 경우, 갈등을 해결할 수 있는 길이 있다.

하지만 하나님과의 원수관계를 해결하기 위해 우리가 먼저 화해를 요구하거나 취할 수 있는 조치는 아무것도 없다. 그렇기 때문에 하나님께서 먼저 화해의 손을 내미시고 아들을 주셔서 우리를 위해 대신 죽게 하시고 부활하게 하심으로써 우리를 향한 그분의 화해의 행위를 영원히 확증해주셨다. 우리를 구원하시는 하나님은 먼저 우리를 그리스도 안에서 택해주시고 세워주신다. 이러한 사실에 대하여 요한은 그의 복음서에서 다음과 같이 기록했다.

"너희가 나를 택한 것이 아니요 내가 너희를 택하여 세웠나니…"(요 15:16).

죄(하나님을 상대로 지음)와 죄악들(동료 인간들을 상대로 지음)을 범한 인간들에게 닥칠 영원한 운명은 지옥불에 들어가는 것이다. 죄의 삯은 사망이며(롬 6:23), 한 번 죽는 것은 사람에게 정해진 것이고 그 후에는 심판이 있다고 성경은 말하고 있다(히 9:27). 그리고 그 죄에 대한 심판의 결과가 불과 유황으로 타는 불못에 들어가는 것이라고 밝히 말하고 있다.

그러나 두려워하는 자들과 믿지 아니하는 자들과 흉악한 자들과 살인자들과 음행하는 자들과 점술가들과 우상 숭배자들과 거짓말하는 모든 자들은 불과 유황으로 타는 못에 던져지리니 이것이 둘째 사망이라 계 21:8

죄 개념을 소개함에 있어 생겨난 큰 구멍은 죄가 하나님을 상대로 지은 것인데 그 죄는 제대로 소개하지도, 설명하지도 않은 채 동료 인간들을 상대로 지은 죄악들에 초점을 맞춘 것이다. 복음 메시지에서 죄의 설명은 당연히 근본 죄의 뿌리인 하나님을 상대로 지은 죄, 곧 사탄이 지은 것과 동일한 죄를 지은 사실에 초점을 맞추어야 한다.

"내가 하나님과 같아지리라" 하고 하나님을 무시하고 자신이 하나님의 자리에 올라앉은 죄를 깨닫고 고백하며 회개할 때 바른 복음의 이해를 위한 첫 단추가 제대로 끼워지게 된다. 그런 의미에서 온전한 회개는 자기 자신을 하나님의 위치에 올려놓고 자기가 온 우주의 중심이 되어 살아가는 근본 죄(The Sin)와, 그 결과로 파생된 동료 인간들을 대상으로 지은 각종 죄악들(sins)을 회개하는 것이다.

십자가

CHAPTER 2

십자가

아마도 우리가 전해왔던 복음 메시지들이 십자가에 관해서는 다른 요소들에 비해 보다 충실하게 소개하며 설명해왔다고 생각된다. 그동안 우리가 전한 복음은 "십자가의 복음"이라 불릴 정도로 십자가의 의미와 대속의 능력을 잘 설명해왔다.

그러나 한 가지 구멍을 지적한다면 예수님이 십자가에서 흘리신 보배로운 피가 하늘 성소에서 드려진 영원한 대속의 보혈이라는 사실이 적절히 강조되지 못했다는 점이다. 이 문제에 대하여 본 장에서 구체적으로 다룰 것이다.

하나님과 원수 된 상태로 살아가는 것은 심각한 비극이다. 인간관계에 있어서도 원수를 맺고 살아가는 것이 힘들고 괴로운 일인데 하물며 하나님과 원수가 된 상태로 살아간다는 것은 이루 말할 수 없는 심각한 문제가 아닐 수 없다.

그런데 그것과 관련하여 더 심각한 문제는 인간이 자발적으로 하나님께 화해를 요청하여 자신이 지은 죄(하나님과 원수관계에 빠져들게 만들었던 그 죄)를 용서받고 화해할 수 있는 길이 전혀 없다는 것이다. 인간 측에서 어떠한 노력과 수고와 헌신을 하더라도, 심지어 목숨을 바친다 할지라도 하나님과 화해할 수 있는 길은 없다. 하나님과 원수가 되게 만든 죄의 문제는 너무도 크고 엄중하여 인간이 먼저 하나님을 향하여 어떤 종류의 화해의 손짓도 할 수 없는 것이다. 로마서 3장에서 이 문제에 관하여 선언한다.

"모든 사람이 죄를 범하였으매 하나님의 영광에 이르지 못하더니"(롬 3:23).

그리고 하나님이 주도적으로 화해의 손길을 내미시고 인간의 죄를 해결해주셔서 하나님과 인간이 화목하게 된 사건을 다음과 같이 말해준다.

그리스도 예수 안에 있는 속량으로 말미암아 하나님의 은혜로 값없이 의롭다 하심을 얻은 자 되었느니라 이 예수를 하나님이 그의 피로써 믿음으로 말미암는 화목제물로 세우셨으니 이는 하나님께서 길이 참으시는 중에 전에 지은 죄를 간과하심으로 자기의 의로우심을 나타내려 하심이니 곧 이때에 자기의 의로우심을 나타

내사 자기도 의로우시며 또한 예수 믿는 자를 의롭다 하려 하심이라 롬 3:24-26

하나님이 먼저 화해의 손을 내미시고 아들 예수님을 세상에 보내셨으며 그분의 십자가에서 우리를 위해 대신 피를 흘리심으로써 하나님과 인간의 화목제물이 되셨다. 그분의 피로써 말미암은 의(義)는 전적으로 하나님이 나타내신 의이며, 그분의 주도적인 사랑으로 말미암은 의이다. 따라서 인간이 구원을 받는 것은 전적으로 하나님이 값없이 주시는 선물이며 그 누구도, 어떤 행위로도 구원받을 수 없다. 에베소서에서 이 사실을 다음과 같이 잘 소개하고 있다.

너희는 그 은혜에 의하여 믿음으로 말미암아 구원을 받았으니 이 것은 너희에게서 난 것이 아니요 하나님의 선물이라 행위에서 난 것이 아니니 이는 누구든지 자랑하지 못하게 함이라 엡 2:8,9

우리가 구원받는 것은 어떤 의미에서도 우리 자신의 행위나 노력이 아니라 전적으로 하나님께서 값없이 주시는 선물(free gift)이며 은혜일 따름이다.

십자가, 하나님의 주도적인 화해의 손길

하나님과 원수 된 관계의 해결은 오직 하나님 쪽에서 주도권을 가지고 손을 내밀어주실 때에만 가능하다. 이러한 사실에 관하여 예수께서는 친히 그 유명한 요한복음 3장 16절에서 다음과 같이 선언하신다.

"하나님이 세상을 이처럼 사랑하사 독생자를 주셨으니 이는 그를 믿는 자마다 멸망하지 않고 영생을 얻게 하려 하심이라."

이어서 예수님이 계속 말씀하신다.

"너희가 나를 택한 것이 아니요 내가 너희를 택하여 세웠나니 이는 너희로 가서 열매를 맺게 하고 또 너희 열매가 항상 있게 하여 내 이름으로 아버지께 무엇을 구하든지 다 받게 하려 함이라"(요 15:16).

이러한 하나님의 일방적이고도 주도적인 사랑에 관하여 사도 바울도 로마서에서 다음과 같이 기록하고 있다.

우리가 아직 연약할 때에 기약대로 그리스도께서 경건하지 않은 자를 위하여 죽으셨도다 의인을 위하여 죽는 자가 쉽지 않고 선인을 위하여 용감히 죽는 자가 혹 있거니와 우리가 아직 죄인 되었을 때에 그리스도께서 우리를 위하여 죽으심으로 하나님께서

우리에 대한 자기의 사랑을 확증하셨느니라 롬 5:6-8

이토록 멸망할 수밖에 없는 인간을 사랑하시는 하나님께서는 우리가 아직 그분의 사랑을 받을 자격도 없을 때, 아직 연약할 때, 아직 경건치 않을 때, 아직 죄인 되었을 때, 아직 불의할 때 먼저 화해의 손을 내밀어주셨다. 그리고 그 하나님의 아들이신 예수께서는 아버지 하나님께 순종하여 이 세상에 친히 찾아오셨다. 전능하신 창조주 하나님이 인간을 구하기 위해 당신이 친히 만드신 피조세계로 들어오신 것이다.

예수께서는 세상에 계실 때 한순간도 자신이 아버지로부터 오셨음을 잊으신 적이 없으셨다. 요한복음 전체를 통해 예수께서 자신을 지칭하실 때는 언제나 '아버지께서 보내신 자', '아버지께로부터 보내심을 받은 자', '나를 보내신 자' 등의 표현을 사용하셨다. 예수께서는 언제나 자신이 세상에 보내심을 받은 아들이라는 자기정체성(自己正體性)을 의식하며 사셨다. 그러한 의식 가운데 그분이 세상에 오신 이유와 목적을 천명하셨는데 놀랍게도 그분은 자기 목숨을 많은 사람들의 대속물로 주기 위해 오셨다고 밝히셨다.

"인자가 온 것은 섬김을 받으려 함이 아니라 도리어 섬기려 하고 자기 목숨을 많은 사람의 대속물(代贖物)로 주려 함이니라"(막 10:45).

예수께서는 죄인인 우리를 위해, 하나님과 원수 관계에 있는 우리를 대신하여 형벌을 받으시기 위해, 자신의 목숨을 희생제물로 주기 위해 이 땅에 오셨다. 그분이 지상에서 사역하실 때 이같이 한시도 그분이 오신 목적을 모호하게 하지 않고 분명하게 밝히셨다.

그분의 사랑과 희생이 바로 십자가이다. 그분이 세상에 오시기 800여 년 전에 이사야 선지자는 그분이 십자가에서 죽임 당하실 것을 마치 현장에서 본 것처럼 다음과 같이 생생한 기록으로 예언해주었다.

"그가 찔림은 우리의 허물 때문이요 그가 상함은 우리의 죄악 때문이라 그가 징계를 받으므로 우리는 평화를 누리고 그가 채찍에 맞으므로 우리는 나음을 받았도다"(사 53:5).

바울은 예수께서 십자가에 달려 죽임을 당하신 사건을 저주 받은 자라는 개념으로 구약성경을 인용하여 증거했다.

"그리스도께서 우리를 위하여 저주를 받은 바 되사 율법의 저주에서 우리를 속량하셨으니 기록된 바 나무에 달린 자마다 저주 아래에 있는 자라 하였음이라"(갈 3:13).

그가 여기에 인용한 구절은 신명기 말씀이다.

"사람이 만일 죽을 죄를 범하므로 네가 그를 죽여 나무 위에 달거든 그 시체를 나무 위에 밤새도록 두지 말고 그날에 장사하여 네 하나님 여호와께서 네게 기업으로 주시는 땅을 더럽히지 말라 나무에 달린 자는 하나님께 저주를 받았음이니라"(신 21:22,23).

십자가는 예수께서 우리 인간들의 죗값을 치르기 위해 대신 죽임을 당한 사형 틀이었다. 하나님은 예수를 십자가에서 죽게 하심으로써 '우리 모두의 죄악을 그에게 담당시키셨다'(사 53:6). 그분이 피 흘리심으로써 우리의 모든 죄가 용서되고 우리가 구원받는 놀라운 사건이 일어난 것이다. 사실 구약성경 전체는 예수님의 십자가의 대속의 죽으심에 그 예언의 초점을 맞추었다고 해도 과언이 아닐 것이다.

사도들이 증거하는 십자가

많은 신학자들과 성경학자들은 구약 전체에 "그리스도의 붉은 피"가 흐르고 있다고도 하며 "구속의 대하(大河)"가 흘러내리고 있다고 말한다. 그토록 구약의 핵심 주제로서 하나님께서 인간을 사랑하셔서 아들을 보내시고 인간들의 죄와 죄악들을 위해 대신 형벌을 받으실 것이 뚜렷하게 드러나 있다. 이러한 사실을 깨달은 사도들이나 신약 시대의 복음 사역자들은 예수님의 십자가 사건이 곧 하나님께서 약속하신 그분의 죽으심이라는 사실을 확인하고 그 십자가의 도를 전하는 일에 목숨을 바쳤음은 의심의 여지가 없다.

사도 바울은 예수님의 십자가에서의 죽으심에 대하여 로마서 4장 25절에서 "예수는 우리가 범죄한 것 때문에 내줌이 되고…"라고 그분의 죽으심이 우리의 죄를 대신한 것임을 천명했다. 그는 계속해서 로마서 6장 10절에서 "그가 죽으심은 죄에 대하여 단번에 죽으심이요…"라고 말한다. 바울은 갈라디아서 6장 14절에서도 "그러나 내게는 우리 주 예수 그리스도의 십자가 외에 결코 자랑할 것이 없으니 그리스도로 말미암아 세상이 나를 대하여 십자가에 못 박히고 내가 또한 세상을 대하여 그러하니라"라고 말함으로써 예수님의 십자가 외에는 그 어떤 것도, 그 누구도 죄인을 구할 수 없음을 확언했다. 바울은 동일한 내용의 말씀을 고린도전서 2장에서도 반복하고 있다.

"내가 너희 중에서 예수 그리스도와 그가 십자가에 못 박히신 것 외에는 아무것도 알지 아니하기로 작정하였음이라"(고전 2:2).

바울은 골로새서 1장에서도 예수님의 십자가가 죄인인 우리와 하나님 사이를 화목하게 해주는 결정적 역할을 하고 있음을 밝히 말하고 있다.

"그의 십자가의 피로 화평을 이루사 만물 곧 땅에 있는 것들이나 하늘에 있는 것들이 그로 말미암아 자기와 화목하게 되기를 기뻐하심이라 전에 악한 행실로 멀리 떠나 마음으로 원수가 되었던 너희를 이제는 그의 육체의 죽음으로 말미암아 화목하게 하사 너희를 거룩하고 흠 없고 책망할 것이 없는 자로 그 앞에 세우고자 하셨으니"(골 1:20-22).

우리 인간이 처한 바, 하나님과 원수 된 관계를 화목한 관계로 바꾸어놓은 결정적 사건이 십자가의 피임을 확언해주었다.

사도 베드로는 그의 첫 번째 서신서에서 다음과 같은 말로 편지를 시작했다.

"곧 하나님 아버지의 미리 아심을 따라 성령이 거룩하게 하심으로 순종함과 예수 그리스도의 피 뿌림을 얻기 위하여 택하심을 받은 자들에게 편지하노니 은혜와 평강이 너희에게 더욱 많을지어다"(벧전 1:2).

그는 여기서 예수 그리스도의 피 뿌림을 통해 하나님의 자녀로 택하신 자들에게 편지한다고 밝히고 있다. 그리스도의 십자가에서 흘리신 피가 뭇 영혼들을 구원하는 근본임을 제시한 것이다. 베드로는 계속해서 그의 서신의 수신자인 교인들에게 예수님의 피를 '보배로운 피'라고 말한다.

"너희가 알거니와 너희 조상이 물려준 헛된 행실에서 대속함을 받은 것은 은이나 금같이 없어질 것으로 된 것이 아니요 오직 흠 없고 점 없는 어린양 같은 그리스도의 보배로운 피로 된 것이니라"(벧전 1:18,19).

여기에서 베드로는 대속받고 거듭난 것이 바로 그리스도의 십자가에서 흘리신 피로 된 것임을 강조한다. 그리고 교인들이 거듭난 것이 썩어질 씨로 된 것이 아니라 썩지 아니할 씨로 된 것인데 그것이 바로 하나님의 말씀이며 그 말씀은 곧 복음이라고 설명해준다.

"오직 주의 말씀은 세세토록 있도다 하였으니 너희에게 전한 복음이 곧 이 말씀이니라"(벧전 1:25).

베드로전서 2장에서도 그는 "친히 나무에 달려 그 몸으로 우리 죄를 담당하셨으니 이는 우리로 죄에 대하여 죽고 의에 대하여 살게 하려 하심이라 그가 채찍에 맞음으로 너희는 나음을 얻었나니"(벧전 2:24)라고 말한다. 그리고 그분이 죽임을 당하시고 채찍에 맞으신 결과로 우리가 길 잃은 양의 입장에서 목자이신 예수께로 돌아왔다고 설명한다.

"너희가 전에는 양과 같이 길을 잃었더니 이제는 너희 영혼의 목자와 감독 되신 이에게 돌아왔느니라"(벧전 2:25).

사도 요한은 그의 첫 번째 서신서에서 예수의 피가 우리의 모든 죄를 깨끗게 한다고 선포한다.

"그가 빛 가운데 계신 것같이 우리도 빛 가운데 행하면 우리가 서로 사귐이 있고 그 아들 예수의 피가 우리를 모든 죄에서 깨끗하게 하실 것이요"(요일 1:7).

또한 그는 예수님을 모든 인간들의 죄를 위한 화목제물로 설명한다.

"그는 우리 죄를 위한 화목제물이니 우리만 위할 뿐 아니요 온 세상의 죄를 위하심이라"(요일 2:2).

예수께서 십자가에서 흘리신 피가 아니고서는 그 어떤 것도 우리를 구원할 수 없다.

하늘에 있는 참 장막

신약성경 가운데 십자가의 대속의 의미를 가장 자세하게 설명해주는 책이 히브리서이다. 히브리서 기자는 예수님께서 십자가에서 피를 흘리시고 돌아가신 사건을 이스라엘 백성들이 구약의 성소에서 희생 제사를 드리던 행위를 들어 설명하고 있다.

그런데 우리의 관심을 불러일으키는 내용은 구약시대에 성소에서 드려진 짐승의 피가 곧 예수님이 흘리신 피를 상징하는 것이었으며, 한 걸음 더 나아가 그분의 피가 하늘 성소에서 제물로 드려졌음을 밝히는 내용이다.

하나님이신 그분이
골고다 언덕에서 흘리신 보혈은
하늘 성소에 바쳐진
영원한 제물이었다.

히브리서에서 설명하는 예수님의 십자가 사건은 단순히 골고다 언덕을 적신 것으로 끝난 피가 아니었다. 하나님이신 그분이 골고다 언덕에서 흘리신 보혈은 하늘 성소에 바쳐진 영원한 제물이었다. 이것에 관하여 히브리서는 매우 놀랍고도 충격적인 모습의 그림으로 알려준다. 바로 예수님을 하늘에서 지극히 크신 이의 보좌 우편에 앉으신 대제사장으로 묘사한 것이다.

"지금 우리가 하는 말의 요점은 이러한 대제사장이 우리에게 있다는 것이라 그는 하늘에서 지극히 크신 이의 보좌 우편에 앉으셨으니"(히 8:1).

그리고 그분은 '성소와 참 장막에서 섬기는 이'인데, '참 장막'은 사람이 세운 것이 아니라 하나님께서 하늘에 세우신 하늘 성소라고 설명한다.

"성소와 참 장막에서 섬기는 이시라 이 장막은 주께서 세우신 것이요 사람이 세운 것이 아니니라"(히 8:2).

이어서 히브리서 기자는 대제사장으로서 그분도 무엇인가 드릴 것이 있어야 하는데 그것이 바로 그분의 보혈임을 분명하게 보여준다.

"대제사장마다 예물과 제사 드림을 위하여 세운 자니 그러므로 그도 무엇인가 드릴 것이 있어야 할지니라"(히 8:3).

"염소와 송아지의 피로 하지 아니하고 오직 자기의 피로 영원한 속죄를 이루사 단번에 성소에 들어가셨느니라"(히 9:12).

히브리서는 이 하늘에 있는 성막을 본체요 실체로 언급하고 있다. 그리고 모세를 통해 지은 땅 위의 장막은 하늘 성막의 모형이며 그림자라고 소개한다.

"그들이 섬기는 것은 하늘에 있는 것의 모형과 그림자라 모세가 장막을 지으려 할 때에 지시하심을 얻음과 같으니 이르시되 삼가 모든 것을 산에서 네게 보이던 본을 따라 지으라 하셨느니라"(히 8:5).

모세가 장막을 지으려 할 때 하나님은 그를 산으로 불러 하늘의 참 장막을 보여주시고 그 모습 그대로 지으라고 지시하셨다. 그리고 이스라엘 백성들은 그 성막에서 희생 제사를 드리며 하나님을 예배했던 것이다.

하늘 참 장막에서 자기 피로 제사하신 예수님

그러나 이 세상에 죽으러 오신 예수께서는 십자가에서 죽임을 당하시면서 흘리신 피로 하늘 성소에 들어가셔서 자신의 피로 제사를 드리셨다. 하늘의 대제사장이신 예수 그리스도께서 십자가에서 흘리신 보배로운 피로 하늘의 성소에 들어가 온전한 제사를 드림으로써 영원한 속죄를 이루신 것이다.

십자가의 피는 하나님이신 예수님 자신의 피였으며, 하나님의 피로서 우리 인간들의 모든 죄를 완전히 그리고 영원히 사해주신 보배로운 피였다. 그분이 십자가에서 흘리시고 하늘 성소에 들어가서서 바치신 피의 제사는 모든 성막과 제사제도의 실체였던 것이다. 이러한 사실에 대해 히브리서 기자는 다음과 같이 기록했다.

> 그리스도께서는 장래 좋은 일의 대제사장으로 오사 손으로 짓지 아니한 것 곧 이 창조에 속하지 아니한 더 크고 온전한 장막으로 말미암아 염소와 송아지의 피로 하지 아니하고 오직 자기의 피로 영원한 속죄를 이루사 단번에 성소에 들어가셨느니라 히 9:11,12

그는 더 나아가 이 사실에다 설명을 덧붙였다.

> 그리스도께서는 참 것의 그림자인 손으로 만든 성소에 들어가지 아니하시고 바로 그 하늘에 들어가사 이제 우리를 위하여 하나님 앞에 나타나시고 히 9:24

예수께서 자신을 희생하시고 흘리신 보혈로 제사를 드린 곳은 하늘 성소였으며 그곳에서의 제사는 땅에서 이스라엘 사람들이 수없이 드렸던 희생 제사와는 비교도 되지 않는 놀라운 죄

사함을 단번에 이루어주었다. 이러한 사실을 히브리서 기자는 다음과 같이 반복적으로 증거하고 있다.

이 뜻을 따라 예수 그리스도의 몸을 단번에 드리심으로 말미암아 우리가 거룩함을 얻었노라 제사장마다 매일 서서 섬기며 자주 같은 제사를 드리되 이 제사는 언제나 죄를 없게 하지 못하거니와 오직 그리스도는 죄를 위하여 한 영원한 제사를 드리시고 하나님 우편에 앉으사… 그가 거룩하게 된 자들을 한 번의 제사로 영원히 온전하게 하셨느니라 히 10:10-12,14

예수께서 하늘 성소에 들어가서서 자기 피로 영원한 제사를 드린 사건은 모든 인간들의 죄를 영원히 완전하게 사하는 능력을 지녔다. 그 이유는 하늘 성소에 들어가 단번에 제사를 드릴 때에 그분 자신의 피를 제물로 바치셨기 때문이다. 그분 자신의 피란 곧 하나님의 피인 것이다. 이에 관하여는 바울이 에베소 장로들과 작별하는 밀레도 해변가에서 한 마지막 고별사에서도 분명하게 나타난다.

여러분은 자기를 위하여 또는 온 양 떼를 위하여 삼가라 성령이 그들 가운데 여러분을 감독자로 삼고 **하나님이 자기 피**로 사신

교회를 보살피게 하셨느니라 행 20:28

바울은 교회를 일컬어 "하나님이 자기 피로 사신 교회"라고 표현했다.

하나님이신 성자 예수께서 흘리신 피가 곧 하나님의 피였기에 그 피로 말미암아 얻게 된 사죄는 완전한 것이며 더는 죄를 위해 제사드릴 것이 없게 되었다. 성부 하나님께서 성자 예수님의 십자가의 피를 제물로 받으셨기에 더는 어떤 제사도 필요치 않게 된 것이다.

또 그들의 죄와 그들의 불법을 내가 다시 기억하지 아니하리라 하셨으니 이것들을 사하셨은즉 다시 죄를 위하여 제사 드릴 것이 없느니라 히 10:17,18

그분 자신의 피가 우리의 모든 죄를 단번에 영원히, 완전하게 사해주었기 때문에 더는 짐승을 희생제물로 바칠 이유가 없다. 이제는 어느 누구도 희생제물이 될 필요가 없다. 하늘 성소에 들어가 제물로 바쳐진 그분의 보배로운 피가 모든 죄를 사하는 완전충분조건이 되었기 때문이다.

성소의 휘장이 찢어지다

이러한 사실은 예수께서 십자가에서 운명하실 때 성소의 휘장이 찢어진 사건을 통해서도 잘 드러난다. 히브리서 기자는 찢어진 성소의 휘장이 그분의 찢기신 몸임을 알려준다.

"그러므로 형제들아 우리가 예수의 피를 힘입어 성소에 들어갈 담력을 얻었나니 그 길은 우리를 위하여 휘장 가운데로 열어놓으신 새로운 살 길이요 휘장은 곧 그의 육체니라"(히 10:19, 20).

예수께서 십자가에서 숨을 거두실 때 휘장이 찢어진 사건을 누가는 자신의 복음서에서 다음과 같이 기록했다.

"때가 제육시쯤 되어 해가 빛을 잃고 온 땅에 어둠이 임하여 제구시까지 계속하며 성소의 휘장이 한가운데가 찢어지더라 예수께서 큰 소리로 불러 이르시되 아버지 내 영혼을 아버지 손에 부탁하나이다 하고 이 말씀을 하신 후 숨지시니라"(눅 23:44-46).

낮 12시부터 오후 3시까지 해가 빛을 잃고 온 세상이 어두웠을 때 성소의 휘장이 한가운데로 찢어짐으로써 그분의 보혈로 말미암아 모든 죄인들이 하늘 성소의 은혜의 보좌 앞으로 나아갈 수 있는 길이 열렸다.

"그러므로 우리는 긍휼하심을 받고 때를 따라 돕는 은혜를 얻기 위하여 은혜의 보좌 앞에 담대히 나아갈 것이니라"(히 4:16).

"다 이루었다"

예수께서 십자가에 못 박히시고 피를 흘리시고 돌아가신 사건은 온 인류의 죄를 대속하기 위한 것이며 이러한 하나님의 사랑은 구약성경 전체를 통해 반복적으로 예언되어온 것이었다. 그렇기 때문에 예수님은 자신이 바로 성경이 예언해온 성자 하나님이심을 온 세상에 밝히 드러내시기 위해 3년간의 공생애 기간 동안 혼신을 다해 사역하셨다. 특히 그분은 그리스도가 어떻게 십자가에서 죽임을 당하실 것인지 예언한 모든 성경말씀을 하나도 빠짐없이 성취하시기 위해 십자가에 달려 죽임을 당하는 고통의 한복판에서도 자신에 관한 성경의 예언을 떠올리며 말씀이 그대로 성취되게 하셨다.

그 후에 예수께서 모든 일이 이미 이루어진 줄 아시고 성경을 응하게 하려 하사 이르시되 내가 목마르다 하시니 요 19:28

요한은 십자가 위에서 예수께서 목마르다고 하신 이유가 자신에 대하여 예언한 말씀, "그들이 쓸개를 나의 음식물로 주며 목마를 때에는 초를 마시게 하였사오니"(시 69:21)라는 부분을 성취하게 하기 위함이었음을 알아차렸다. 요한은 예수께서 목마르다고 하셨을 때 사람들이 신 포도주를 그분에게 드리는 모습을 목격하고는 예수께서 자신에 관한 예언의 말씀을 성취하기 위함이었다고 기록했다.

이러한 사실은 마태복음에서 "쓸개 탄 포도주를 예수께 주어 마시게 하려 하였더니"(마 27:34)라는 언급에서 보듯이 시편 69편에서 예언된 바, 그리스도에게 쓸개를 음식물로 주며 식초를 마시게 한다는 말씀을 성취하시려는 예수님의 의도를 확인할 수 있다.

십자가에서 엄청난 고난을 당하실 때 예수께서는 인간들을 위해 십자가에서 죽임을 당하시는 일이 성경의 예언대로 이루어진 줄 아시고 마지막 예언의 말씀까지 성취하기 위해 "내가 목마르다"라고 하셨다. 그 말씀까지 응하게 하신 후에는 "다 이루었다"라고 자신에 대한 성경의 예언대로 모든 지상 사역을 완수했음을 선언하시고 운명하셨다.

예수께서 신 포도주를 받으신 후에 이르시되 다 이루었다 하시고 머리를 숙이니 영혼이 떠나가시니라 요 19:30

100퍼센트 하나님이신 그분은 100퍼센트 인간으로서 자신이 해야 할 모든 대속의 사역을 위해 예언된 모든 내용을 다 이루셨다고 선언하셨다. 이렇게 하나님이신 예수께서 십자가에서 하나님의 피를 쏟으시고 공생애의 마지막 순간에 십자가에서 죽임을 당하며 자신이 하셔야 할 모든 사역을 "다 이루었다"고 마침표를 찍으셨던 것이다.

우리 인간의 죄를 용서받는 일에 예수님의 십자가가 완전한 마침표가 되었기에 우리는 오직 믿음으로, 은혜로, 선물로 죄 용서함을 받고 구원을 받는 복된 자리에 있게 되었다. 이 얼마나 놀라운 하나님의 사랑인가! 이 얼마나 경이로운 복음인가! 복음은 모든 믿는 자들에게 구원을 주시는 하나님의 능력이다. 주님의 이름을 찬양한다.

부활

CHAPTER 3

부활

오늘날 복음 메시지에 구멍이 났다고 말하는 가장 중요한 이유 가운데 하나는 부활 사건이 복음에서 차지하는 비중을 제대로 설명하고 있지 않기 때문이다.

기독교 신앙의 축이 부활이라는 사실을 부정할 사람은 아무도 없을 것이다. 한국의 침례신학대학교와 자매결연을 맺고 있는 호주의 몰링신학대학(Morling Theological College)의 신약학 교수인 클리포드(Ross Clifford) 교수와 변증학 객원교수인 존슨(Philip Johnson)이 공저한 《십자가로는 충분치 않다》(*The Cross Is Not Enough*)에서 기독교 신앙이라는 바퀴의 고정축은 부활이라고 선언한다. 그렉 길버트가 쓴 《Who Is Jesus? 예수님은 누구신가》에서도 부활이 기독교의 축이라고 말한다. 그는 부활이 다른 모든 것의 기초이며 기독교에 관한 모든 것을 조화

롭게 해주는 핵심임을 강조한다.

분명히 부활을 중심으로 기독교 신앙이 형성됨에도 불구하고 오늘날 부활을 제대로 설명하지 않고 부활이라는 확실한 증거에 근거한 믿음을 갖도록 복음을 전하지 않아왔다는 반성을 하지 않을 수 없다. 그동안 우리가 전한 복음 메시지에 생긴 가장 큰 구멍 가운데 하나가 바로 부활이다. 중세 이후 현대 기독교는 십자가를 매우 힘 있게 강조해왔다. 그러나 부활에 대한 설명과 소개는 그렇지 못했다.

복음은 언제든지 십자가와 부활로 요약되는데 비록 부활을 언급하고 믿는다고 고백해왔지만 부활의 중요성에 비추어볼 때 적절하게 강조하거나 그 의미가 잘 드러나게 하지는 못했다. 클리포드 교수가 쓴 책의 제목인 "십자가로는 충분치 않다"라는 말을 들을 때 혹자는 무언가 불편함을 느끼면서 매우 도발적이라고 생각할 수도 있다. 십자가가 우리의 모든 죄를 해결해준 하나님의 사랑의 완성이라고 믿는데 거기에 또다시 부활을 강조한다는 사실을 선뜻 받아들이기 어려울 수도 있다. 그러나 사도 바울은 이와 관련하여 다음과 같이 분명하게 선언한다.

"그리스도께서 다시 살아나신 일이 없으면 너희의 믿음도 헛되고 너희가 여전히 죄 가운데 있을 것이요"(고전 15:17).

소위 부활 장으로 알려진 고린도전서 15장에서 바울은 성경대로 죽으시고, 성경대로 부활하신 예수님을 언급한다. 15장 전체를 그분의 부활 사건에 할애하여 부활의 확실성과 그 의미를 설명한다. 바울은 예수께서 죽으셨다가 부활하신 사건을 목격한 사람들의 명단을 제시함으로써 그 확실한 역사성을 강조한다. 이는 성경대로 사흘 만에 다시 살아나신 예수님을 직접 만나고 경험한 사람들로 베드로(게바), 열두 제자, 500여 명의 형제들, 야고보, 모든 사도들 그리고 자신에게도 나타나셨다고 증언했다(고전 15:4-8).

바울은 이어서 부활 자체를 부인하는 사람들을 염두에 두고 부활이 없다면 그리스도도 부활하지 못했을 것이며, 그분이 부활하지 못했다면 기독교 신앙은 헛것이고 하나님의 복음의 사역자들은 거짓말쟁이들이며 더 나아가 우리가 여전히 죄 가운데 있을 뿐임을 강조한다. 사도 바울은 여기에다 그런 헛된 신앙을 위해 헌신한 사역자들이야말로 정말로 불쌍한 자일 것이라고 덧붙였다.

역사 속에서 예수께서 부활하신 사건은 실제로 그분의 죽으심으로 말미암아 실망과 좌절감에 빠져 있던 제자들에게 갑자기 새로운 소망을 불러일으켰다. 그들 모두는 부활 사건의 목격자들로서 입만 벌리면 그분이 부활하셨다고 담대히 증거하는 자들로 변화되었다. 그렇게 십자가에서는 도망갔던 제자들이 부활을 경험한 자들로서 목숨을 걸고 부활을 증거하였고, 그 결과로 세계 역사가 새로운 복음의 물결로 뒤덮여갔다.

부활은 복음의 축이다

'부활은 복음의 축'이라는 말을 들을 때 어떠한 생각이나 감정이 생기는가? 적지 않은 사람들에게는 거부감이 생길지도 모르겠다. 왜냐하면 우리는 그동안 철저히 복음은 예수께서 우리 모든 인간들의 죄를 위해 십자가에서 죽임을 당하신 사건으로 이해하고 그렇게 강조해왔기 때문이다. 앞 장에서 우리는 그 십자가의 의미에 대해 충분히 논의했다. 그럼에도 불구하고 본 장에서 부활이 복음의 축이라고 말하는 이유는 무엇인가?

복음을 좀 더 정확히 말하자면 우리 인간의 죄를 위해 대신 십자가에서 대속의 죽음을 당하시고 사흘 만에 다시 살아나신 예수님을 주님으로 모시는 것이다. 그러나 실제로 복음이 전해지는 과정에서 십자가는 매우 비중 있게 다루어져왔고 누구나 복음을 한 마디로 압축한다면 "십자가"라고 말할 만큼 강조해온 것이 사실이다. 반면, 복음의 또 다른 축인 부활은 비록 복음을 전할 때 빠짐없이 언급되고 예수께서 부활하셨음을 믿는다고 고백함에도 불구하고 십자가에 붙어다니는 부속물 정도로 취급해온 것이 사실이다. 그러나 부활은 반드시 십자가만큼, 혹은 그보다 훨씬 더 강조되어도 지나침이 없는 복음의 핵심이다.

제자들은 예수께서 십자가에 매달리셨을 때 모두 도망가고 숨었다. 그들은 예수께서 당하신 고난과 죽음을 자신들도 당할 것을 두려워했다. 예수님의 수제자로 자처한 베드로조차 예수께서 비참하게 흉악범들 틈에서 죽임을 당하실 때 큰 실망에 빠져 그 장소에 나타나지도 않았다. 그분이 숨을 거두신 후에도 제자들 중 누구 하나 그분의 시신을 처리하는 일에 앞장서지 않았다. 그만큼 그들에게 예수님의 십자가는 완전한 절망이었고 자신들이 그토록 믿고 따랐던 일들이 모두 수포로 돌아가게 만든 사건이었다.

하지만 예수님이 장사된 지 사흘 후에 발생한 사건으로 말미암아 제자들의 태도는 극적인 반전을 이루게 되었다. 그러한 반전을 가져온 결정적 사건이 그분의 부활이었다. 그분의 부활은 완전히 꺼져버린 그들의 소망에 다시금 불을 붙이는 역할을 했다. 그들은 예수께서 부활하신 후에야 그분이 누구이신지를 비로소 바로 알게 되었다. 이러한 사실은 그분의 제자들 중 한 사람이었던 사도 요한에 의해 명백히 고백되었다.

부활의 표적이 아닌 다른 표적은
예수님을 믿게 하는 데
도움을 줄 수 있지만
그분이 하나님이시라는 결정적 표적은
부활밖에 없다.

"죽은 자 가운데서 살아나신 후에야 제자들이 이 말씀하신 것을 기억하고 성경과 예수의 하신 말씀을 믿었더라"(요 2:22).

예수께서 부활하시기 전까지 제자들은 예수께서 누구이신지를 명확하게 알지 못했다. 베드로가 "주는 그리스도시요 살아 계신 하나님의 아들이시니이다"(마 16:16)라고 고백했음에도 불구하고 얼마 지나지 않아 예수님을 세 번씩이나 부인하고 저주한 사실과 예수께서 십자가에 달리셨을 때 그분을 버리고 도망간 사실은 그가 예수님이 진정으로 하나님이시라는 사실을 제대로 알지 못했음을 보여준다.

3년 동안 예수님을 따라다녔던 제자들에게 예수님은 이스라엘의 메시아였다. 그들은 예수께서 메시아 왕국을 선포하시고 왕으로 등극하실 때 자신들이 요직을 차지할 것이라는 엉뚱한 기대에 부풀어 있었을 뿐이었다.

이러한 사실은 예수님의 지상 사역 마지막 언저리에서 제자들이 누가 큰지 서열 다툼을 하던 모습 속에서 여실히 드러났다. 예수께 대한 그들의 이러한 오해는 제자들만의 문제가 아니라 그들의 어머니에게서도 발견된다. 예수님의 지상 사역이 끝을 향해 치달을 때 세베대의 두 아들인 야고보와 요한의 모친이 예수님을 찾아와 청탁하던 모습이 성경에 기록되어 있다. 이러한 기록은 그토록 예수님을 기대하고 따르던 당시 사람들이 예수님을 제대로 이해하지 못하고 있었음을 잘 드러낸다. 야고보와 요한의 모친이 예수께로 찾아와 다음과 같이 요청했다.

"나의 이 두 아들을 주의 나라에서 하나는 주의 우편에, 하나는 주의 좌편에 앉게 명하소서"(마 20:21).

이러한 광경을 목격한 다른 제자들은 화를 냈다(막 10:41). 이토록 제자들은 예수님을 이스라엘의 왕으로 오신 메시아 정도로 이해하고 믿고 따랐던 것이다.

부활은 모든 사람들이 믿을 수 있는 증거이다

창조주이시며 전능하신 하나님이신 예수께서 세상에 인간의 모습으로 오신 것을 알아볼 수 있던 사람은 거의 없었다. 예수께서는 지상에서 사역하시는 동안 자신이 하나님이심을 사람들에게 알려주셨지만 그의 말을 믿고 그분을 하나님으로 대하는 인간은 거의 없었다. 이러한 모습은 그분의 제자들도 마찬가지였다. 그러나 그분은 사람들에게 자신이 하나님이심을 증명해 주는 유일한 표적이 요나의 표적이라고 말씀하셨다.

뿐만 아니라 예수께서는 자신이 십자가에서 죽임을 당하시고 다시 살아날 것을 제자들에게 반복적으로 예언하셨다. 마태복음 12~20장에서는 무려 여섯 번이나 자신이 십자가에서 죽임을 당하시고 사흘 만에 부활하실 것을 예언하셨다. 그러나 놀랍게도 예수님의 제자들은 그 말씀을 알아듣지 못했고 여전히 자신이 믿고 싶은 대로 그분을 이스라엘의 메시아로만 믿었다. 여섯 차례에 걸쳐 마태복음에 나타나는 죽으심과 부활하심에 대한 예언은 다음과 같다.

첫째, 12장 39,40절이다.
"예수께서 대답하여 이르시되 악하고 음란한 세대가 표적을 구하나 선지자 요나의 표적밖에는 보일 표적이 없느니라 요나가 밤낮 사흘 동안 큰 물고기 뱃속에 있었던 것같이 인자도 밤낮 사흘 동안 땅속에 있으리라."

둘째, 16장 4절이다.
"악하고 음란한 세대가 표적을 구하나 요나의 표적밖에는 보여줄 표적이 없느니라 하시고 그들을 떠나가시니라."

셋째, 16장 21절이다.
"이때로부터 예수 그리스도께서 자기가 예루살렘에 올라가 장로들과 대제사장들과 서기관들에게 많은 고난을 받고 죽임을 당하고 제삼 일에 살아나야 할 것을 제자들에게 비로소 나타내시니."

넷째, 17장 9절이다.

"그들이 산에서 내려올 때에 예수께서 명하여 이르시되 인자가 죽은 자 가운데서 살아나기 전에는 본 것을 아무에게도 이르지 말라 하시니."

다섯째, 17장 22,23절이다.

"갈릴리에 모일 때에 예수께서 제자들에게 이르시되 인자가 장차 사람들의 손에 넘겨져 죽임을 당하고 제삼 일에 살아나리라 하시니 제자들이 매우 근심하더라."

여섯째, 20장 18,19절이다.

"보라 우리가 예루살렘으로 올라가노니 인자가 대제사장들과 서기관들에게 넘겨지매 그들이 죽이기로 결의하고 이방인들에게 넘겨주어 그를 조롱하며 채찍질하며 십자가에 못 박게 할 것이나 제삼 일에 살아나리라."

예수님은 이렇게 계속해서 반복적으로 자신의 죽으심과 부활하심을 예고하셨지만 제자들은 알아듣지도 못했고, 믿지도 않았다. 그러다가 그분이 부활하신 후에야 비로소 그분을 하나님으로 믿었다. 요한복음은 다음과 같이 명백히 이 사실에 대하여 지적해준다.

"죽은 자 가운데서 살아나신 후에야 제자들이 이 말씀하신 것을 기억하고 성경과 예수께서 하신 말씀을 믿었더라"(요 2:22).

참으로 놀라운 일이 아닐 수 없다. 예수님과 3년이나 함께 살았던 그들이 부활하신 후에야 예수님이 하나님이심을 알아보았으니 말이다. 그다음 구절에도 중요한 의미가 담겨 있다.

"유월절에 예수께서 예루살렘에 계시니 많은 사람이 그의 행하시는 표적을 보고 그의 이름을 믿었으나 예수는 그의 몸을 그들에게 의탁하지 아니하셨으니 이는 친히 모든 사람을 아심이요 또 사람에 대하여 누구의 증언도 받으실 필요가 없었으니 이는 그가 친히 사람의 속에 있는 것을 아셨음이니라"(요 2:23-25).

예수님은 표적을 구하는 유대인들에게 성전을 헐면 '내가 사흘 동안에 지으리라'고 하셨다(막 14:58). 이는 부활이 그 표적임을 말씀하신 앞의 내용에 뒤따르고 있는 말씀이다. 예수님의 행하시는 표적과 기사를 보고 많은 사람이 그의 이름을 믿었지만 정작 예수님은 그 표적을 보고 믿는 사람들의 믿음을 인정하지 않으셨다. 그러한 표적에 근거한 믿음의 동기와 본질을 너무도 잘 알고 계셨기 때문이다. 부활의 표적이 아닌 다른 표적은 예수님을 믿게 하는 데 도움을 줄 수 있지만 그분이 하나님이시라는 결정적 표적은 부활밖에 없다.

예수께서 이러한 사실을 매우 분명하게 명시적으로 말씀하신 것이 마태복음 12장과 16장으로서 여기에는 두 번 같은 내용이 반복되었다.

"악하고 음란한 세대가 표적을 구하나 선지자 요나의 표적밖에는 보일 표적이 없느니라."

이 내용에 대하여 보다 구체적으로 살펴보기로 하겠다.

요나의 표적밖에 없다

예수님은 거룩하고 도덕적으로 완전한 삶을 살았던 한낱 성인(聖人)이 아니시다. 모든 삶에 귀감이 되고 표준이 되는 존귀한 인간도 아니다. 오늘 우리가 선한 삶을 위해 모델로 삼을 분도 아니다. 왜냐하면 그분은 하나님이시기 때문이다. 오늘날 전 세계는 예수님을 4대 성인 중 한 분으로 믿는다. 그러나 그분은 하나님이시지 거룩한 사람이 아니다. 이 말은 그분의 인성을 부인하는 것이 아니라 그분이 하나님이시라는 사실을 강조하는 의미에서 하는 말이다.

오늘날 지구 위에 사는 모든 사람들이 예수님을 한 인간으로만 주목하고 인정할 뿐, 하나님으로는 인정하려 들지 않는다. 2천 년 전에 그분께서 세상에 오셨을 때와 마찬가지로 그분을 창조주 하나님으로 믿기를 거부하고 단순한 위인(偉人) 정도로 취급한다. 가톨릭과 불교와 힌두교와 수많은 종교들이 서로를 궁극적으로 같은 목적에 이르게 하는 종교들로 보면서 각각의 종교를 인정하고 서로 존중하며 받아들여야 한다는 종교다원주의의 논리로 세상을 혼란하게 만들고 있다.

이제는 예수님만이 구원이시며 하나님이시라고 말하면 뭇매를 가할 기세로 국가의 법까지 고쳐가며 예수님이 하나님이심을 선포하지 못하게 만들려는 움직임이 세계적으로 확산되고 있다. 우리나라도 포괄적 차별금지법으로 그렇게 만들려는 집단들의 움직임이 거세지고 있다. 예수를 믿는다는 말은 예수님을 하나님으로 믿고 그분만이 우리를 구원하실 수 있는 주님이시라고 믿는 것이다.

오늘날 종교의 자유를 헌법으로 규정하고 있는 영국과 캐나다, 미국에서 복음을 전한다는 이유로 해고를 당하고, 벌금을 물며, 감옥에 가는 일이 빈번하게 발생하고 있다. 무엇이 이러한 상황을 가져왔는가? 좋은 게 좋다는 식으로 타 종교들을 인정해주고 존중해주어 상생(相生)의 길을 찾자는 주장들 때문이다. 배타적인 태도보다는 상호 호혜적인 태도가 더 포용력이 있고 세계 평화를 위해 중요하다는 얄팍한 생각에 넘어가 하나님을 거부하고 예수님을 주님으로 모시기를 거부하는 죄의 편을 들어주는 일이야말로 예수님을 거부하는 근본 죄이다.

정말 예수님은 우리의 직장과 명성, 심지어 목숨을 걸 만큼 확실하게 하나님이시며 유일한 주님이신가? 예수님을 믿는 일에 확실한 증거를 갖고 있지 못하다면 자신의 목숨을 거는 삶은 불가능하다. 과연 예수님은 하나님이신가? 무엇을 근거로 그분이 하나님이심을 확신할 수 있는가?

앞 장에서 우리는 예수께서 십자가에서 흘리신 보배로운 피로 우리가 죄 사함을 받고 영생을 얻는다는 사실을 세밀하게 살펴보았다. 그런데 문제는 그와 같은 예수님의 완전하신 희생의 피가 우리의 모든 죄를 영원히, 그리고 완전하게 사해주었다는 사실을 어떻게 믿을 수 있느냐는 것이다. 그분이 하나님으로서 우리를 위해 대신 십자가에서 희생되신 사실을 무엇에 근거하여 믿을 수 있는가?

마태복음 12장과 16장에서 우리는 영원히 변할 수 없는 확실한 근거를 확인하게 된다. 그 확실한 증거가 바로 예수님의 부활이다.

예수님 당시에 그 누구보다도 메시아 강림을 기다렸던 사람들이 바리새인들이었다. 그들 중 오직 성경을 필사하고 연구하는 일에만 몰두한 사람들이 서기관들이었다. 그들은 성경을 매우 해박하게 알고 있었고 성경의 예언대로 메시아의 강림을 대망했던 자들이었다.

그들은 자신들의 당대에 혜성같이 나타난 예수라는 특별한 인물에 대하여 그가 진정으로 하나님께로부터 온 메시아인지에 관하여 심각한 의문을 갖고 있었다. 그들은 자신들이 보기에 결코 메시아일 것 같아 보이지 않는 예수가 행하는 일이나 가르침을 보면서 혼돈스러워했다. 어떻게 보면 메시아인 것 같고 어떻게 보면 결코 아닐 것 같아 보이는 혼란을 느끼며 예수께 직접 나아와 담대하게 질문을 던졌다.

"그때에 서기관과 바리새인 중 몇 사람이 말하되 선생님이여 우리에게 표적 보여주시기를 원하나이다"(마 12:38).

그들은 매우 단도직입적이었고 진지했다. 그들은 예수님을 곤경에 빠뜨리려는 목적으로 함정을 판 질문을 한 것이 아니었다. 이러한 요청을 받은 예수께서는 지체함 없이 정확한 답을 주셨다.

"악하고 음란한 세대가 표적을 구하나 선지자 요나의 표적밖에는 보일 표적이 없느니라"(마 12:39).

예수님은 즉각적으로 표적을 제시하셨다. 요나의 표적이 그것이라고 말씀하셨다. 죽었다가 사흘 만에 부활하시는 것이 자신이 하늘로부터 오신 창조주 하나님이시며 주님이심을 증명하는 표적이라고 말씀하셨다.

예수께서는 주저함 없이 분명하게 당신이 하나님이신 표적은 부활밖에 없다고 말씀하신 것이다. 물론 예수님은 그 외에도 수많은 표적들을 보여주셨다. 그러나 그분이 하나님이시며 전능자이심을 누구도 부인할 수 없도록 보여주는 표적은 오직 부활밖에 없다고 단언하신 것이다.

"요나가 밤낮 사흘 동안 큰 물고기 뱃속에 있었던 것같이 인자도 밤낮 사흘 동안 땅속에 있으리라"(마 12:40).

주님은 부활밖에 없다고 단언하셨지만 우리는 하나님이 주신 부활 표적을 보고 믿기보다는 예수님을 믿는 근거로 이상한 경험, 신비한 체험, 자신의 느낌이나 감정, 자신에게 발생하는 변화 따위를 붙잡으려 한다. "내가 경험했으니" "내가 음성을 들었으니" "내가 환상을 보았으니" "내가 방언을 하니" "내가 기도응답을 그렇게 받았으니" 등 자신의 체험을 믿음의 근거로 삼으려 한다.

하나님은 요나의 표적인 부활밖에 없다고 하시는데 우리는 그것을 제쳐두고 우리가 생각하는 것들과 경험한 것들을 표적으로 붙잡으려 한다. 그래서 주님은 '악하고 음란한 세대가 표적을 구한다'고 하셨다. 예수님을 하나님으로, 주님으로 믿는 일에 있어 부활을 확실한 근거로 믿고 그 부활하신 하나님을 주님으로 믿는 신앙이 아니면 그것은 마귀가 주는 '자기 생각대로 신앙'이지 '말씀대로 신앙'이 아니다.

너무도 많은 사람들이 자기 생각 때문에 예수님을 주님으로, 하나님으로 믿지 않으며, 믿는다고 해도 마귀에게 속아 자기 생각대로 믿는 잘못을 범하며 살아간다. 주님은 자신만이 길이고 진리며 생명이라고 말씀하시는데 인간은 종교다원주의를 주장하며 그것을 대세로 몰아가고 있다.

이와 같이 스스로 신앙인을 자처하는 자들 가운데에도 하나님의 말씀보다 자기 생각대로 믿는 사람들이 많다. 오늘날 많은 사람들이 방언, 예언, 병 고침, 축사, 넘어짐 등과 같은 현상을 보고 믿으려 하는데 그것은 예수님이 하나님이시라는 결정적 증거가 되지 못한다. 비록 그러한 경험들이 그리스도인의 삶에 크게 도움을 줄 수 있다 할지라도 예수님을 하나님으로 믿는 믿음의 확실한 증거가 되지는 못한다.

"니느웨 사람들과 남방 여왕이 정죄하리라"

요나의 표적밖에 없다고 천명하신 예수께서는 요나가 사흘 동안 물고기 배 속에 들어갔던 것처럼 자신도 밤낮 사흘 동안 땅속에 들어갈 것이라고 설명하셨다. 그리고 이어서 다음과 같이 예고하셨다.

심판 때에 니느웨 사람들이 일어나 이 세대 사람을 정죄하리니 이는 그들이 요나의 전도를 듣고 회개하였음이거니와 요나보다 더 큰 이가 여기 있으며 심판 때에 남방 여왕이 일어나 이 세대 사람을 정죄하리니 이는 그가 솔로몬의 지혜로운 말을 들으려고 땅 끝에서 왔음이거니와 솔로몬보다 더 큰 이가 여기 있느니라 마 12:41,42

예수께서는 부활을 통해 자신이 하나님이심을 증명해주시겠다고 말씀하신 것이다. 그 놀라운 부활의 표적을 통해 증명해주심에도 불구하고 그분을 믿지 않는 세대를 니느웨 성 사람들과 비교하여 그들의 죄를 드러내셨다.

니느웨 사람들은 어떠한 사람들이었는가? 그들은 하나님을 알지도 못했고 오히려 하나님의 백성인 이스라엘을 정복한 이방인들이었다. 그런데 초라하고 남루하게 생긴 선지자 요나의 경고를 듣고, 그 성에 거주하는 모든 주민들이 회개했고, 심판을 당해 멸망하지 않았다.

그러나 이 세대는 하나님의 아들이 친히 오셔서 죽으실 뿐 아니라 부활하심으로써 자신이 하나님이심을 증명까지 해주셨음에도 불구하고 그분을 믿지 않는 죄악 된 세대이다. 이러한 이해에 근거하여 니느웨 사람들이 한 말을 다음과 같이 풀어 쓸 수 있다.

"아니, 우리는 이방인으로서, 초라한 차림으로 온 선지자 요나가 회개하라고 했을 때 그의 말을 듣고 회개함으로써 구원을 받은 사람들이오. 그런데 당신들은 하나님의 아들 예수께서 오셔서 십자가에서 죽으시고 사흘 만에 부활하심으로써 하나님이심을 증명해주시기까지 했는데도 믿지 않으니 정말로 악한 죄인들이오."

같은 맥락에서 남방 여왕이 이 세대 사람들을 정죄한다는 말도 다음과 같이 풀어 쓸 수 있다.

"나는 이스라엘에 지혜가 많은 솔로몬 왕이 있다는 말을 듣고 그 왕의 지혜로운 말을 듣고자 하는 한 가지 이유 때문에 불원천리(不遠千里), 먼 길을 마다치 않고 왔던 사람이오. 그런데 당신들은 단순히 지혜로운 사람이 아니라 크신 하나님의 아들이신 예수께서 세상에 오셔서 부활로 자신이 하나님이심을 증명까지 해주셨는데도 그분을 믿지 않으니 참으로 악한 사람들이오."

왜 부활의 표적밖에 없는가

예수님이 하나님이심과 그분이 하나님으로서 우리 인간을 위해 죽으신 사실을 믿을 수 있는 근거는 부활밖에 없다. 이러한 사실은 제자들에게서 분명하게 확인된다. 그들은 예수님을 3년 내내 따라다니며 가장 가까운 거리에서 그분의 놀라운 이적과 기사를 직접 목격하고 체험했다. 하지만 수많은 기사와 이적들을 경험하고 목격한 사실이 그들로 하여금 예수님을 하나님으로, 주님으로 믿게 하지는 못했다. 오히려 그들은 예수님이 십자가에서 처형당하자 모두 실망하고 낙담하여 도망가고 숨어 버렸다. 그랬던 그들이 예수님을 하나님이라고 고백하고 그분을 증거하는 일을 위해 자신들의 생명을 바치며 순교할 수 있었던 이유가 바로 예수님의 부활이었다.

"죽은 자 가운데서 살아나신 후에야 제자들이 이 말씀하신 것을 기억하고 성경과 예수께서 하신 말씀을 믿었더라"(요 2:22).

부활 표적이 아닌, 다른 수많은 표적을 보고 갖게 된 믿음을 주님은 인정하지 않으셨다. 요한복음 2장 23,24절은 다음과 같이 말한다.

유월절에 예수께서 예루살렘에 계시니 많은 사람이 그의 행하시는 표적을 보고 그의 이름을 믿었으나 예수는 그의 몸을 그들에게 의탁하지 아니하셨으니 이는 친히 모든 사람을 아심이요 고린도후서 4장 3,4절은 이렇게 말한다.

만일 우리의 복음이 가리었으면 망하는 자들에게 가리어진 것이라 그중에 이 세상의 신이 믿지 아니하는 자들의 마음을 혼미하게 하여 그리스도의 영광의 복음의 광채가 비치지 못하게 함이니 그리스도는 하나님의 형상이니라

복음이 가리었으면 망하는 자들에게 가리어진 것이다. 그리스도의 영광의 복음의 광채가 비치게 되는 것은 부활을 통해서인데 하나님께서 주신 유일한 증거인 부활은 제쳐두고 다른 것을 찾는 자들이 곧 망하는 자들인 것이다. 부활로 충분치 않다고 생각하고 다른 화끈한 어떤 것이나 이상하고 신비한 체험 등을 구하는 자들이 곧 망하는 자들이다. 부활로는 충분치 않다고 생각하여 성령의 은사, 방언, 예언, 축사, 신유 등의 이적적 은사를 근거로 삼으려 해서는 안 된다.

사도 바울은 예수님의 부활이 하나님께서 '모든 사람들에게 주신 믿을 만한 증거'라고 단언한다.

알지 못하던 시대에는 하나님이 간과하셨거니와 이제는 어디든지 사람에게 다 명하사 회개하라 하셨으니 이는 정하신 사람으로

하여금 천하를 공의로 심판할 날을 작정하시고 이에 그를 죽은 자 가운데서 다시 살리신 것으로 모든 사람에게 믿을 만한 증거를 주셨음이니라 하니라 행 17:30,31

예수님의 부활은 하나님께서 모든 사람에게 믿을 만한 증거로 주신 것이다. 그분을 죽은 자 가운데서 3일 만에 다시 살리신 것은 이 때문이다. 따라서 부활은 모든 사람들에게 믿을 수 있는 증거가 되기 때문에 나이가 많거나 적거나, 학식이 많거나 적거나, 천재거나 저능아거나 상관없이 누구든지 알아듣고 믿을 수 있는 것이다.

부활은 예수님이 하나님이심을 증명해주며, 예수님이 십자가에서 죽으심은 하나님으로서 우리를 위해 죽으신 사실을 증명해준다. 그분이 하나님으로서 십자가에서 죽으셨기에 그분이 십자가에서 흘리신 피는 하나님의 피였고, 하나님의 피였기에 우리의 모든 죄와 죄악을 완전히 그리고 영원히 사해주시는 능력이 있다. 그렇기 때문에 우리는 확실한 증거인 부활로 예수님이 우리의 모든 죄와 죄악들을 완전히 그리고 영원히 사해주셨음을 믿을 수 있다.

"여러분은 자기를 위하여 또는 온 양 떼를 위하여 삼가라 성령이 그들 가운데 여러분을 감독자로 삼고 하나님이 자기 피로 사신 교회를 보살피게 하셨느니라"(행 20:28).

부활의 표적이면 충분하다

표적으로서 부활이면 충분하다는 사실은 부활이 가져다준 제자들의 근원적인 변화에서 확인할 수 있다. 그들에게 부활 사건은 모든 삶의 방향을 전격적으로 바꾸어놓았다. 그들은 더는 두려워 숨는 자가 아니라 목숨을 걸고 그분이 부활하신 하나님이심을 증거하는 자들로 변화되었다. 그들은 평생 동안 가는 곳마다 그분이 부활하신 하나님이심을 증거했고, 결국에는 부활을 증거하는 일로 그들 모두가 한결같이 목숨을 바쳐 순교했다. 부활이면 충분하다.

부활의 표적을 통해 십자가를 보니 그 십자가에 달리신 분이 하나님이심이 선명하게 드러났다. 그렇게 십자가에서 흘리신 예수님의 피가 하나님의 피라는 사실이 정확하게 증명된 것이다. 부활을 단순히 지식적으로 이해하고 믿는 것이 아니라 부활하신 그분이 곧 하나님이라는 사실이 믿음으로 받아들여지면 그분을 하나님으로, 주님으로 모심으로써 모든 문제가 한순간에 해결된 수많은 간증들을 접하게 된다.

춘천한마음교회는 기독교 인터넷 방송인 씨 채널(C Channel)을 통해 지난 2년여 동안 무려 500명의 교인들의 변화된 간증들을 방송했고 유투브에 올라간 간증 영상을 전 세계 사람들이 시청하고 있다. 이 간증들은 예수님이 십자가에서 흘리신 피가 하나님의 피였음을 부활로 증명해주신 사실에 근거하여 그분을 주님으로 영접한 사람들의 삶이 획기적으로 변한 증언이다.

그 내용을 들어보면 예수님이 십자가에서 죽으시고 부활하셔서 자신의 주인이 된 후 자신들의 삶에 근원적인 변화가 왔다는 것이다. 그들은 한결같이 예수님의 부활이 실제가 됨으로써 구원받은 하나님의 자녀가 된 것은 물론이고 그러한 믿음의 결과로 자신들을 오랫동안 괴롭혀온 죄, 질병, 연약함, 방탕, 우울증, 암, 각종 중독, 가정파탄, 열등감, 우월감, 이단, 동성애 등으로부터 해방되어 자유롭게 되었다고 간증한다.

500여 명의 간증자들은 그들 각자가 가지고 있던 500여 가지의 문제가 복음 하나로 완전히 해결되었다고 한다. 좌절과 낙망으로부터 벗어나 소망을 품기 시작하고, 주님을 위해 모든 것을 바치며, 형제들을 위해 목숨을 버리는 것이 마땅함을 선포하는 등 놀라운 역사가 일어나고 있음을 증언한다. 어떤 심리적, 의학적 치료도, 어떤 적극적, 긍정적 사고도 가져다줄 수 없는 근원적인 치료와 변화가 부활을 확실한 증거로 믿고 붙잡은 사람들에게 임했음을 오늘도 우리는 확인할 수 있다. 인생의 문제를 해결할 수 있는 것은 예수님의 십자가와 부활밖에 없다.

부활의 표적이면 충분하다. 복음이면 다 된다.

창조주 하나님이 우리를 사랑하셔서 대신 죽으셨다. 하나님이 나를 위해 죽으셨다. 그리고 그것이 확실한 사실임을 부활이라는 사건으로 선명하게 증명해주셨다. 성경에 이미 3500년 전부터 예언했고, 예수께서 자신이 바로 구약에 예언된 메시아이시며, 그 예언대로 십자가에서 죽으시고 사흘 만에 부활하심으로써 모든 사람들이 믿을 수 있는 표적을 주신다고 예고하셨다. 그리고 실제로 죽으시고 부활하셨다. 그 수많은 기적과 이사를 목격하고 체험한 제자들은 부활하신 후에야 예수님을 비로소 하나님으로 믿었다. 부활하신 예수님은 하나님이시다.

하나님이 우리를 위해 죽으신 사건 앞에 우리는 회개할 수밖에 없다. 우리 스스로 하나님의 자리에 올라앉아 하나님을 무시하고 자기 인생의 주인 노릇한 죄를 위해 대속의 죽음을 자처하신 하나님이신 예수님이 죽으셨다! 어찌해야 하는가? 회개해야 한다. 다른 어떤 동료 인간에게 죄악을 저지른 것이 근본 문제가 아니다. 하나님을 무시하고 자신을 하나님의 자리에 앉혀놓고 자기 마음대로 선악의 기준을 만들어 스스로 판단자가 되어 교만하게 살아왔던 죄를 회개해야 하는 것이다.

한 자매의 간증이 나의 마음속에 계속 메아리치고 있다. 그 자매는 자신이 예수님의 십자가도 믿고, 부활도 믿으며, 부활이 모든 사람들에게 주신 믿을 만한 증거라는 사실도 믿는데 왜 그 부활이 실제가 되지 않을까라는 문제로 고민했다. 그러면서 주님께 왜 자신에게 부활이 실제가 되지 않는지를 기도로 간절히 여쭈었을 때 그의 마음 깊숙한 곳에서 '네가 주인이잖아!'라는 주님의 음성을 듣게 되었다. 그 즉시 자신이 여전히 주인 되어 살아온 삶을 비로소 굴복하게 되었다고 한다.

'누가 진정한 나의 주인인가?'

이것은 예수님을 주님으로 믿는 일에 있어서 반드시 해결되어야 하는 문제이다. 회개의 핵심은 예수님이 아닌 다른 어떤 존재를 하나님의 위치에 올려놓은 것을 뉘우치고 고치는 것이다.

예수님은 성경의 예언대로 부활하셨다

예수님의 부활은 성경대로 이루어진 사건이다. 그리고 그것은 2000여 년 전에 예루살렘이라는 곳에서 발생한, 당시 수많은 사람들이 목격하고 증언한 역사적 사건이다. 하나님은 점 하나 변하지 않는 말씀을 통해 그분의 죽으심과 부활을 예언하셨다. 그리고 예수님께서는 그 예언대로 십자가에서 죽으셨고 사흘 만에 부활하셨다. 이 점에 대하여 바울은 고린도전서 15장 3,4절에서 다음과 같이 말하고 있다.

내가 받은 것을 먼저 너희에게 전하였노니 이는 성경대로 그리스
도께서 우리 죄를 위하여 죽으시고 장사 지낸 바 되셨다가 성경대
로 사흘 만에 다시 살아나사

구약성경은 하나님께서 메시아를 보내주셔서 죄인인 우리를
위해 십자가에서 죽임을 당하시고 사흘 만에 다시 살아나실 것
을 약속하신 옛 약속이다. 따라서 우리는 구약에서 예수님의 죽
으심과 부활을 예고한 수많은 약속의 말씀들을 만날 수 있다.

구약성경에 나타나는 예수님의 십자가 사건은 창세기 3장에
서 하나님께 범죄한 아담과 하와에게 가죽 옷을 지어 입히시는
사건으로부터 그림처럼 예언되었다. 아브라함에게 이삭을 바치
도록 명령하셨을 때 아브라함은 즉각적으로 순종하여 모리아
산으로 사흘 길을 간 뒤 이삭을 바치려 했다.

그러나 하나님께서 이삭 대신 숫양을 준비해두심으로써 아
브라함의 마음속에서 이미 사흘 전에 죽었던 이삭이 다시 살아
난 사건, 그리고 출애굽 사건에서 열 번째 재앙인 애굽의 모든
장자들을 죽이는 그날 밤, 문설주에 양의 피를 바른 이스라엘
집은 죽음의 사자가 건너뛴 유월절 사건에서도 선명하게 예고

되었다. 특히 유월절 사건을 기념하여 이스라엘이 오늘날까지도 가장 큰 명절로 지키는 그 핵심이 예수님의 죽으심을 예고하는 행사였음을 주목하게 된다.

구약성경에서 예수님의 죽으심을 예고한 또 다른 대표적인 사례가 놋으로 불뱀을 만들어 높이 매달았던 사건이다. 사도 요한은 니고데모와 주님과의 대화를 기록하는 가운데 예수께서 친히 자신이 나무에 달리실 것을 예고하신 사실을 지적했다. 이스라엘 백성들이 출애굽하여 광야를 지날 때 하나님과 모세를 향하여 원망함으로써 죄를 짓게 되었을 때 하나님께서는 불뱀을 보내어 많은 사람들이 그 뱀에게 물리게 하셨다. 그때 하나님은 모세에게 놋으로 불뱀을 만들어 장대에 매달게 하시고 그것을 쳐다보는 사람들은 살 것이라고 말씀하셨다.

"여호와께서 모세에게 이르시되 불뱀을 만들어 장대 위에 매달아라 물린 자마다 그것을 보면 살리라 모세가 놋뱀을 만들어 장대 위에 다니 뱀에게 물린 자가 놋뱀을 쳐다본즉 모두 살더라"(민 21:8,9).

사도 요한은 예수께서도 놋뱀처럼 자신이 높이 달릴 것을 예고하신 사실을 기록했다.

"모세가 광야에서 뱀을 든 것같이 인자도 들려야 하리니 이는 그를 믿는 자마다 영생을 얻게 하려 하심이니라"(요 3:14,15).

이어서 그 유명한 요한복음 3장 16절을 기록했다.

"하나님이 세상을 이처럼 사랑하사 독생자를 주셨으니 이는 그를 믿는 자마다 멸망하지 않고 영생을 얻게 하려 하심이라."

예수께서는 장사된 지 사흘 만에 다시 살아나셔서 40일 동안 제자들에게 자주 나타나셨고 당신이 부활하신 사실을 거듭 확인시켜주셨다. 예수께서는 자신을 영으로 생각하는 제자들에게 자신의 손과 발을 내보이며 부활하신 사실을 확증시켜주셨고 영으로 부활하신 것으로 생각하는 제자들에게 "여기 무슨 먹을 것이 있느냐"라고 음식을 달라 하셔서 그들이 보는 가운데 직접 잡수심으로써 당신이 육체적으로 부활하셨음을 확인시켜주셨다(눅 24:38-43).

한번은 부활하신 예수께서 제자들을 향해 숨을 내쉬기도 하셨고(요 20:22), 의심하는 도마에게는 자신의 못 자국 난 손을 내밀어 그의 손가락을 그 상처에 넣어보고, 손을 내밀어 창 자국 난 옆구리에 넣어보라고 확인시켜주셨다.

부활하신 예수께서는 자신이 부활하신 사실을 제자들에게 확인시켜주는 일에 있어서 매우 중요한 근거로 하나님의 말씀을 그들에게 거듭 설명하셨다. 엠마오로 가던 두 제자에게 나타나셨을 때도 그분은 그들의 대화에 끼어들어 다음과 같이 부활이 성경의 예언을 성취한 것임을 가르쳐주셨다.

"이르시되 미련하고 선지자들이 말한 모든 것을 마음에 더디 믿는 자들이여 그리스도가 이런 고난을 받고 자기의 영광에 들어가야 할 것이 아니냐 하시고 이에 모세와 모든 선지자의 글로 시작하여 모든 성경에 쓴 바 자기에 관한 것을 자세히 설명하시니라"(눅 24:25-27).

부활하신 예수께서는 자신이 구약의 예언대로 부활하신 사실을 열한 제자들에게 설명해주셨다. 이에 관하여 누가복음은 다음과 같이 기록하고 있다.

> 또 이르시되 내가 너희와 함께 있을 때에 너희에게 말한 바 곧 모세의 율법과 선지자의 글과 시편에 나를 가리켜 기록된 모든 것이 이루어져야 하리라 한 말이 이것이라 하시고 이에 그들의 마음을 열어 성경을 깨닫게 하시고 또 이르시되 이같이 그리스도가 고난을 받고 제삼 일에 죽은 자 가운데서 살아날 것과 또 그의 이름으로 죄 사함을 받게 하는 회개가 예루살렘에서 시작하여 모든 족속에게 전파될 것이 기록되었으니 너희는 이 모든 일의 증인이라
>
> 눅 24:44-48

하나님은 부활을 모든 사람들에게 믿을 만한 증거로 주셨다. 이 부활을 믿는 사람들은 그분을 주님으로, 하나님으로 고

백하고 헌신한다. 그 말은 자신의 모든 생각과 선입견과 가치관을 그분께 굴복하고 그분의 인도하심에 절대복종하는 삶을 산다는 의미이다.

부활은 너무도 확실한 역사적 사건이어서 우리의 느낌이나 감정이나 기분에 따라 사실이 되었다가 감정이 약해지면 허구로 바뀌는 것이 아니다. 그것은 나의 주관적인 상태와 무관하게 인류 역사 한복판에 새겨져 있는 객관적이고도 역사적인 사실이다. 당신에게 진정으로 예수님은 주님이신가? 당신에게 예수님은 진정으로 하나님이신가?

예수님이 부활하신 후에 제자들은 영원히 변했다

예수님이 부활하신 사실은 제자들의 변화된 모습 속에서 또다시 확인할 수 있다. 예수님의 제자들은 예수님이 하나님께서 보내주시겠다고 약속하신 바로 그 메시아임을 철저히 확신하고 있었다. 그렇기 때문에 그들은 자신의 모든 것을 버리고 예수님을 3년 동안이나 따라다녔다. 그들은 예수님을 전폭적으로 따랐다. 배와 부친을 버리고 따랐고, 세관원 자리를 버리고 따랐으며, 집을 나서서 따랐다.

인생의 문제를 해결할 수 있는 것은
예수님의 십자가와 부활밖에 없다.
부활의 표적이면 충분하다.

제자들은 예수님을 메시아로 믿고 확신하며 그분께 올인했다. 그들은 많은 것들을 희생하며 그분을 따랐던 것이다.

그런데 놀랍게도 그분과 함께라면 죽음도 불사하겠다고 목숨을 걸고 따라다녔던 그들이 예수님이 전격적으로 체포되어 십자가에서 죽임을 당하신 마지막 순간에 모두 도망가고 숨어버렸다. 그분이 무기력하게 체포당하시고 십자가에서 전격적으로 처참하게 죽임을 당하게 되었을 때 그들은 모두가 도망쳐 숨었다. 그런데 예수께서 부활하신 후에야 비로소 제자들은 예수님이 하나님이심을 깨닫고 믿게 되었다. 요한복음에서 이러한 사실을 너무도 분명하게 알려준다.

죽은 자 가운데서 살아나신 후에야 제자들이 이 말씀하신 것을 기억하고 성경과 예수께서 하신 말씀을 믿었더라 요 2:22

그들이 부활하신 예수님을 믿고 난 후에는 조금도 두려워하지 않고 담대히 목숨을 걸고 그분이 부활하신 하나님이심을 증거하는 자들로 완전하게 변했던 것이다. 무엇이 그들을 그렇게 변화시켜놓았는가? 부활이었다!

부활하신 주님을 목격하고서야 제자들이 예수님의 말씀과 성경말씀을 믿었다는 것은 얼마나 어처구니없는 일인가! 수많은 놀라운 기적과 이사를 목격했고 심지어 예수께서 기적을 행하실 때 그분의 지시에 의하여 자신들의 손에서 이적이 행해지는 경험을 했음에도 불구하고 그들은 예수께서 부활하신 후에야 비로소 예수님을 하나님으로 믿었다!

제자들은 왜 예수님을 믿지 못했는가?

3년 내지 3년 반 동안 자신의 가정과 일터와 모든 것을 대가로 지불하면서 헌신적으로 예수님을 따랐던 제자들이 부활 전까지는 예수님을 제대로 믿지 못했던 이유가 무엇인가?

그들은 자신의 선입견에 입각하여 예수님을 바라보았다. 편견과 선입견은 배우는 일에 있어서 매우 거대한 장애물이다. 자신들이 기존에 가지고 있던 선이해(先理解)나 선지식(先知識)이 작용함으로써 새로운 각도에서의 이해를 방해한다. 이스라엘의 지도자들은 메시아가 갈릴리 같은 촌 동네에서 나올 수 없다는 선입견에 사로잡혀 있던 자들이었다. 그들은 한낱 시골 출신 목수가 메시아일 수 없다는 고정관념을 넘어서기를 원치 않았다. 이러한 이유로 그들은 예수님을 잡아 죽이는 일도 서슴지 않았다.

예수님의 제자들도 마찬가지였다. 그들은 3년 동안이나 예수님의 모든 놀라운 이적과 가르침을 바로 곁에서 듣고 보았지만 정작 그분의 지상사역 마지막 언저리에서 그분이 왕으로 등

극할 때 누가 더 좋은 자리, 더 높은 자리에 앉을 것인가에 관심을 갖고 있었다. 그 일로 서로 누가 크냐며 서열 다툼을 했다. 심지어 부활하신 후 승천 직전까지도 "이스라엘 나라를 회복하심이 이때입니까?"라고 질문하면서 기대에 부풀었던 모습을 보여주었다. 그들이 그토록 예수님의 관심이나 진면목과 동떨어진 상태에 있었던 이유가 바로 그분에 대한 선입견 때문이었다.

오늘날도 마찬가지이다. 예수님을 구세주로 소개받고 믿게 된 사람들에게는 그분이 구세주이기만을 바랄 뿐 내 인생의 주도권을 가지고 계신 주님이라는 것이 잘 받아들여지지 않음을 발견한다.

이제 십자가에서 우리를 구원하시기 위해 죽으신 예수님으로 믿는 믿음에서 한 발자국 더 나아가 부활하셔서 살아 계신 주님, 부활로 하나님이심을 선명하게 증명해주신 분으로 이해하고 믿으며 그분을 주님으로, 하나님으로 모시고 살아가는 일이 반드시 모든 사람들에게 이루어져야 한다.

제자들이 전한 복음은 예수의 부활이었다

부활하신 예수님을 만난 제자들은 비로소 예수님이 하나님이심을 알고 믿게 되었다. 그들은 심히 놀랐고 감격했다. 자신들이 따르던 그 예수께서 바로 하나님이시라는 사실 앞에 그들은 더는 비겁하게 숨거나 두려워하는 자들이 아니라 그분이 우리의 죄를 위해 십자가에서 죽으신 하나님이시라는 사실을 부활로 증거하기 시작했다. 사도행전에서 그들이 외친 복음은 부활하신 예수님이 하나님이시라는 것이다.

사도행전 2장에서의 증거

분명한 사실은 오순절 성령강림 이후 제자들이 예루살렘 거리로, 성전으로 뛰어나가 복음을 외칠 때 그들이 십자가를 증거한 것이 아니라 오직 부활을 증거했다는 것이다. 그들은 죽음을 두려워하지 않고 예수께서 죽으셨다가 사흘 만에 다시 살아나신 하나님이심을 증거하는 일에 초점을 집중시켰다.

성령께서 강림하셨을 때 베드로가 열한 사도들과 함께 서서 외친 설교의 핵심 역시 그분의 부활에 초점을 맞추었다.

"너희가 법 없는 자들의 손을 빌려 못 박아 죽였으나 하나님께서 그를 사망의 고통에서 풀어 살리셨으니 이는 그가 사망에 매여 있을 수 없었음이라"(행 2:23, 24).

또한 "내 영혼을 음부에 버리지 아니하시며 주의 거룩한 자로 썩음을 당하지 않게 하실 것임이로다"(행 2:27)라는 다윗의 말을 인용하면서 그분의 부활을 증거했다. 그는 다윗이 그리스도의 부활을 미리 본 선지자로서 그분의 부활을 시편에서 예언했음을 지적했다.

그리고 베드로는 "이 예수를 하나님이 살리신지라 우리가 다 이 일에 증인이로다"(행 2:32)라고 다윗의 예언이 예수님에게서 성취되었음을 그의 첫 번째 설교에서 선포했다. 예수의 부활이 하나님으로서 우리를 위해 죽으신 사실을 확실하게 증명해주는 명백한 증거임을 구체적으로 설명한 베드로는 거침없이 그의 말을 듣는 유대인들에게 다음과 같이 도전했다.

"그런즉 이스라엘 온 집은 확실히 알지니 너희가 십자가에 못 박은 이 예수를 하나님이 주와 그리스도가 되게 하셨느니라"(행 2:36).

베드로의 이러한 강력한 부활 증거를 들은 유대인들은 어찌할 바를 몰랐다. 왜냐하면 그들이 하나님을 죽인 자들이라는 사실을 부활 증거를 통해 알게 되었기 때문이었다. 그들은 가만히, 아무 일도 없었던 듯 그냥 베드로의 부활 증거를 흘려들을 수 없었다. 그날 그분의 부활을 증거받은 유대인들은 경악스러운 마음으로 "우리가 어찌할꼬"라고 외치며 사도들에게 도움을 요청했다(행 2:37). 그리하여 그날 사도들의 안내를 받은 3천 명이 회개하고 침례를 받아 신자들이 되었다(행 2:42).

이렇듯 최초의 사도들이 외친 복음 메시지의 핵심은 부활이었고, 이 부활의 증인으로서의 사도들과 초대 교인들의 증언은 가히 엄청난 충격을 주며 지중해 연안으로 퍼져나갔다. 그들의 증언은 수많은 사람들이 십자가에서 죽임을 당하시고 부활하신 주님께 그들의 인생을 굴복하게 만들었다. 예수 그리스도의 부활의 확증은 당시 사람들의 생사를 좌지우지하는 막강한 권한을 쥐고 있던 로마 황제가 아닌 예수를 주님으로 고백하게 만들었던 것이다.

사도행전 3~5장에서의 증거

사도들이 부활을 중심으로 복음을 전한 모습은 사도행전 3장에도 여실히 드러난다. 성전 미문에 앉아 있던 나면서부터 못 걷게 된 사람을 고친 사건으로 말미암아 베드로가 복음을 전할 기회를 얻었을 때도 그분의 부활의 증인으로서의 선포를 서슴지 않았다.

"너희가 거룩하고 의로운 이를 거부하고 도리어 살인한 사람을 놓아주기를 구하여 생명의 주를 죽였도다 그러나 하나님이 죽은 자 가운데서 그를 살리셨으니 우리가 이 일에 증인이라"(행 3:14,15).

사도행전 4장에서는 제사장들과 성전 맡은 자와 사두개인들이 "예수 안에 죽은 자의 부활이 있다고 백성을 가르치고 전함을 싫어하여"(행 4:2) 그들을 감옥에 가둔 사건이 기록되어 있다. 사도들이 전하는 주된 내용을 당시 종교지도자들은 부활로 이해했고 그것을 싫어했다고 말하고 있는 것이다.

그다음 날, 사도들을 가운데 세우고 종교지도자들이 무슨 권세로, 누구의 이름으로 병 고치는 일을 행하였느냐고 힐문했다. 그때 베드로는 담대히 그분의 부활을 증거했다.

"너희와 모든 이스라엘 백성들은 알라 너희가 십자가에 못 박고 하나님이 죽은 자 가운데서 살리신 나사렛 예수 그리스도의 이름으로 이 사람이 건강하게 되어 너희 앞에 섰느니라"(행 4:10).

사도들이 담대하게 증거한 것은 예수께서 부활하신 사건이었다. 그들은 부활의 증인들이었기에 당연히 그들의 복음 선포는 부활에 초점이 맞추어졌다. 33절에서는 그러한 사실을 "사도들이 큰 권능으로 주 예수의 부활을 증언하니"라고 명확하게 요약해주었다.

5장에서도 아나니아와 삽비라의 죽음 사건에 이어 사도들이 놀라운 표적과 이사를 행하면서 복음을 전한 결과로 또다시 감옥에 갇히게 되었다. 그러나 천사가 그들을 옥에서 끌어내어 성전에 가서 생명의 말씀을 다 전하라고 하여 사도들이 새벽에 성전에 들어가서 가르치는 일을 했다. 나중에야 그들이 성전에서 백성들을 가르치고 있음을 알게 된 종교지도자들은 그들을 데리고 와서 심문했다. 이에 대하여 베드로와 사도들은 담대히 증거했다.

"너희가 나무에 달아 죽인 예수를 우리 조상의 하나님이 살리시고… 그를 오른손으로 높이사 임금과 구주로 삼으셨느니라 우리는 이 일에 증인이요"(행 5:30-32).

사도들은 한결같이 그분의 부활을 증거했다는 사실이 분명하지 않은가!

사도행전에서 오순절 이후에 사도들이 전한 복음은 그 초점이 부활에 있었음을 확인할 수 있다. 그들이 예수님의 죽음을 언급할 때는 십자가가 어떻게 우리의 죄를 대신하신 희생제물인지를 말한 것이 아니었다. 그들이 예수님을 죽인 자들이라는 언급 속에 십자가와 죽으심이 언급되고 있을 뿐이다.

"너희가 법 없는 자들의 손을 빌려 못 박아 죽였으나"(행 2:23).

"너희가 십자가에 못 박은 이 예수"(행 2:36).

"너희가… 생명의 주를 죽였도다"(행 3:14,15).

"너희가 십자가에 못 박고"(행 4:10).

"너희가 나무에 달아 죽인 예수"(행 5:30).

스데반 역시 사도행전 7장의 긴 설교에서 결론적으로 "이제 너희는 그 의인을 잡아준 자요 살인한 자"(행 7:52)라고 직격탄을 날렸다. 예수님의 죽으심과 십자가에 대한 사도들의 언급은 그분의 대속을 언급하는 것이라기보다는 유대인들이 예수님을 죽인 사실을 적시(摘示)하는 직접적인 언급이었다. 이러한 강조는 부활로 그분의 십자가가 하나님의 십자가였으며 그 십자가에서 흘리신 피가 하나님의 피였음을 드러내기에 충분했다.

부활의 증인으로서의 도마의 변화

도마는 예수님의 열두 제자 중 한 사람으로서 사도들의 명단에 그 이름이 나온다(마 10:3; 막 3:18; 눅 6:15; 요 11:16). 도마는 다른 제자들에 비해 크게 비중 있는 제자는 아니었던 것으로 보인다. 그렇지만 요한복음 뒷부분에서 그에 관한 일화가 세 번씩이나 소개되어 있다. 그렇게 그는 예수님의 사역 후반부에서 중요한 인물로 등장한다. 그는 요한복음에서 '쌍둥이'라는 의미를 지니는 디두모로 불린다. 그는 아마도 대부분의 다른 제자들처럼 갈릴리 출신이었을 것으로 추정된다.

요한복음에서 세 번 소개되고 있는 사도 도마와 관계된 사건은 다음과 같다. 예수께서 친구 나사로를 살리기 위해 죽을 수도 있는 유대로 다시 돌아가자고 말씀하셨을 때 모든 제자들이 두려워하며 주저하고 있었다. 바로 그때 도마가 나서서 예수님을 따라 함께 돌아가자고 제자들을 격려하는 모습이 첫 번째 기록이다. 그는 용감함과 강함의 상징으로 묘사된다 (요 11:16).

그러나 후에 마가의 다락방에서 예수님을 따르는 일에 "도마가 이르되 주여 주께서 어디로 가시는지 우리가 알지 못하거늘 그 길을 어찌 알겠사옵나이까"(요 14:5)라고 의구심을 표하며 혼돈스러워하는 모습이 두 번째 기록이다.

마지막으로는 예수님께서 부활하셨을 때 그 손의 못 자국에 자신의 손가락을 넣어보며 허리의 창 자국에 손을 넣어보지 않고는 절대 예수님이 부활하신 사실을 믿지 못하겠다고 말하는 '의심하는 도마'로 소개되었다.

베드로는 로마에, 바울은 그리스, 마가는 이집트 등지로 복음을 전하다 순교했는데 도마는 시리아와 인도에 각각 복음을 전했고, 그 결과 많은 교회들이 생겨나게 되었다. 그리고 그는 20여 년간 인도에서 복음을 전하다가 힌두교들에 의해 창에 찔려 순교했다고 전해진다. 이와 같이 도마는 예수님의 부활로 말미암아 순교자로 완전히 변화되었던 것이다.

이제 도마의 모습을 주제에 맞게 구체적으로 살펴보도록 하겠다.

먼저 '확신에 찬 도마'를 만날 수 있다.

요한복음 11장에 따르면 예수께서 병들어 죽게 된 친구 나사로를 살리러 다시 예루살렘 근방에 있는 베다니로 돌아가자고 제자들에게 말씀하셨을 때 제자들은 모두 긴장하고 두려워했다. 성경은 이에 관하여 다음과 같이 기록하고 있다.

"그 후에 제자들에게 이르시되 유대로 다시 가자 하시니 제자들이 말하되 랍비여 방금도 유대인들이 돌로 치려 하였는데 또 그리로 가시려 하나이까"(요 11:7,8).

이러한 상황에서 도마가 다음과 같이 제자들에게 도전적으로 격려하는 모습을 보여주었다.

"디두모라고도 하는 도마가 다른 제자들에게 말하되 우리도 주와 함께 죽으러 가자 하니라"(요 11:16).

도마는 자신이 지난 3년간 경험한 예수님을 위해서라면 죽음이라도 불사할 각오가 된 사람이었다. 주님이 가시는 곳이면 함께 목숨을 걸고 가겠다고 호언할 만큼 자신이 경험한 예수님을 위대하신 메시아시며 유대인의 왕으로 믿었음이 분명하다. 그러나 그의 확신은 자신이 기대하는 예수님에 대한 믿음이었지 예수님을 바로 알고 가진 확신은 아니었다. 어쩌면 의리에 근거한 확신이거나 사부님을 위해 목숨을 바치는 것이 제자 된 도리라는 확신이었을 수도 있다. 아니면 그렇게 충성심을 과시함으로써 좋은 날이 올 때 다른 제자들에 비해 더 좋은 것을 상으로 받겠다는 계산된 확신일 수도 있었을 것이다.

둘째, '혼돈스러운 도마'를 만날 수 있다.

도마의 확신은 불과 며칠이 못되어 혼돈스러움으로 바뀌었다. 불과 며칠이 안 되어 마가의 다락방에서 예수님과 그분의 제자들은 마지막 유월절 만찬을 하고 있었다. 사실상 네다섯 시간에 걸친 유월절 만찬 자리에서 예수님이 본격적으로 고별 메시지를 전하실 때 그분의 말씀에 의구심을 던지고 말을 건넨 제자는 도마 한 사람뿐이었다. 예수께서는 요한복음 14장에서 제자들에게 자신이 아버지 집에 거할 처소를 마련하려 가는데, 마련하게 되면 다시 와서 그들을 그곳으로 영접하겠다고 하시면서 "내가 어디로 가는지 그 길을 너희가 아느니라"(요 14:4)라고 하셨다. 이 말씀을 들은 도마는 즉각적으로 질문했다.

"도마가 이르되 주여 주께서 어디로 가시는지 우리가 알지 못하거늘 그 길을 어찌 알겠사옵나이까"(요 14:5).

그날 밤 도마를 포함한 제자들은 점점 더 이상한 말씀을 하시는 예수님을 보며 혼돈스러웠을 것이다. 왕권을 선포하고 메시아 왕국을 선언하실 시간이 점점 더 가까이 다가오는 것 같은데 자꾸만 예수님이 떠난다는 말씀을 하시니 제자들은 매우 당황스러웠다. 이 상황에서 도마의 말을 내용과 의미를 더 정확하게 풀면 이런 말이다.

"주님, 왜 자꾸 어딜 가신다고 하십니까? 도대체 무슨 말씀인지 모르겠습니다. 메시아 왕국 선포를 하신다는 말씀을 듣기 위해 우리가 오늘까지 이렇게 모든 것을 버리고 주님을 좇아다녔는데 왜 자꾸 이상한 말씀을 하십니까?"

셋째, '의심하는 도마'의 모습을 만날 수 있다.

그는 자신이 바로 며칠 전에 예수님과 함께 죽으러 가자고 확신에 찬 어조로 제자들을 선동해놓고도 막상 예수님께서 가실 길을 말씀하셨을 때 꼬리를 내리며 의구심에 사로잡힌 모습을 보인다. 그러한 의구심은 며칠이 못 되어 다시 의심으로 바뀌었고 그 일로 도마는 '의심하는 도마'라는 별명을 얻게 된다.

제자들은 예수님을 유대인들의 메시아 왕국을 선포하시고 등극하실 분으로 알고 믿었기에 그토록 철저히 헌신했는데 마지막 날 밤에 어디로 가신다고 하더니 다음 날 허망하게 십자가에서 처형당하신 모습에 철저히 좌절했고, 모든 소망이 한순간에 절망으로 바뀌었을 것이다. 도마는 부활하신 예수님을 만난 다른 제자들의 증언을 듣는 순간 죽은 사람이 살아난다는 말은 어불성설(語不成說)이며 그런 일은 있을 수 없다고 단언하고 있었다.

예수님을 메시아 왕국을 건설할 하나님이 보내신 특별하신 메시아로는 믿었지만 그분이 곧 하나님이시라는 사실은 상상도 하지 못했던 것이다. 비록 예수님께서 생전에 죽임을 당하시고 사흘 만에 다시 살아나실 것을 여러 차례 예고하셨지만 그는 막상 그분이 살아나셨다고 들었을 때 자신의 상식과 기대를 기준으로 부활을 믿지 않는 입장을 분명히 했다.

예수님이 부활하신 후 제자들에게 나타나셔서 자신을 증거하실 때 도마는 그 자리에 없었다.

"열두 제자 중의 하나로서 디두모라 불리는 도마는 예수께서 오셨을 때에 함께 있지 아니한지라"(요 20:24).

그리고 다른 제자들이 그에게 "우리가 주를 보았노라"라고 했을 때 그는 "내가 그의 손의 못 자국을 보며 내 손가락을 그 못 자국에 넣으며 내 손을 그 옆구리에 넣어보지 않고는 믿지 아니하겠노라"(요 20:25)라고 호언했다. 그런 일이 있은 지 8일 후에 예수께서 다시 제자들에게 나타나셔서 부활하신 자신의 몸을 또다시 보여주셨다.

"여드레를 지나서 제자들이 다시 집 안에 있을 때에 도마도 함께 있고 문들이 닫혔는데 예수께서 오사 가운데 서서 이르시되 너희에게 평강이 있을지어다 하시고"(요 20:26).

그러고는 예수께서 도마에게 직접적으로 대면하셔서 말씀하셨다.

"네 손가락을 이리 내밀어 내 손을 보고 네 손을 내밀어 내 옆구리에 넣어보라 그리하여 믿음 없는 자가 되지 말고 믿는 자가 되라"(요 20:27).

이 말씀에 따르면 부활의 사실을 확인하면 믿음을 가진 자가 될 수 있다. 오늘도 주님은 우리 모두가 부활의 역사적 사실에 근거하여 믿음을 가진 자가 되기를 원하신다. 그분의 죽으심과 부활하심은 우리의 감정이나 느낌과 무관하게 객관적으로 존재하는 역사적 사실이다.

부활은 하나님께서 구약 전체를 통해 예언하신 모든 약속을 성취한 사건으로서 성경 전체는 성경대로 죽으시고 성경대로 부활하신 예수님의 역사적 사건에 초점이 맞추어져 있다. 그렇기 때문에 부활을 확실하게 믿으면 성경 전체가 꿰뚫어져 보이기 시작한다. 부활하신 예수님을 역사적으로 믿는 일이 가장 확실한 근거를 가지고 믿는 믿음인 것이다.

넷째, '도마의 새로워진 고백'을 보라.

"도마가 대답하여 이르되 나의 주님이시요 나의 하나님이시니이다"(요 20:28).

도마가 실제로 손가락을 그 상처 난 부위에 넣어보았는지는 불명확하다. 하지만 그는 부활하신 예수님을 확인하는 순간 그분 앞에 굴복했다. 예수님이 하나님이심을 확인하는 순간 모든 이야기에 종지부가 찍힌다. 부활은 '예수님이 누구이신가?'라는 질문에 대한 확실하고 유일한 대답이다.

그분이 바로 온 우주만물을 창조하신 창조주이시며 전지전능하신 하나님이시며 오늘도 우리의 모든 삶을 주관하시고 인도하시는 하나님이시라면 그것으로 충분하며 그것으로 모든 것이 끝난 것이 아닌가! 그분이 하나님이시면, 그분이 나의 인생의 주님이시며 주관자이심은 두말할 나위가 없지 않은가! 자신이 주인이 되어 마음대로 살던 사람이 창조주 앞에 굴복함은 진정한 자유와 행복을 누릴 수 있는 새로운 출발점인 것이다.

어떤 이들은 이렇게 말한다.

"아, 나도 예수님 당시의 제자들 중 한 사람이었다면 얼마나 좋을까? 그분을 직접 만나 확인하고 믿을 수 있으면 얼마나 좋을까?"

하지만 예수님은 그렇게 말씀하지 않으신다.

"예수께서 이르시되 너는 나를 본 고로 믿느냐 보지 못하고 믿는 자들은 복되도다 하시니라"(요 20:29).

지난 2000년 동안 수많은 사람들이 부활하신 예수님을 믿고 그분을 하나님으로 고백하고 그분께 자신의 삶의 주권을 돌려 드렸다. 사실상 부활하신 예수님의 육체를 보고 믿은 사람들은 인류 역사상 극소수에 불과하다. 대부분의 사람들이 부활하신 예수님의 육체를 보지 못하고 믿었다.

온 천지가 없어지더라도 하나님의 말씀은 일점일획(一點一劃)

도 변하거나 없어지지 않는다. 이 사실을 믿고 영원한 말씀에서 예언한 그대로 죽으시고 부활하신 예수님을 믿는 것은 실로 엄청난 일이지만 당연한 일이기도 하다. 성경대로 죽으시고 성경대로 사셨기 때문이다. 그리고 주님은 보지 못하고 믿은 자들이 더 복되다고 말씀하신다. 성령께서 역사하시기 때문이다.

부활의 증인으로 변화된 동생 야고보

이 세상에서 자기 형을 하나님으로 믿고 고백할 수 있는 사람은 아무도 없을 것이다. 그 이유는 형과 함께 자라면서 경험한 형을 철저히 잘 안다고 생각하기 때문이다. 그런데 예수님의 육신의 친동생 야고보는 형 예수를 하나님으로, 그리스도로 고백했다. 그가 쓴 야고보서 1장 1절에서 그는 자기의 예수 형을 "하나님과 주 예수 그리스도"라고 지칭하고 있다. 그리고 자신을 그런 예수 형의 종으로 고백한다.

이러한 고백은 야고보뿐 아니라 예수님의 또 다른 동생이었던 유다에게서도 동일하게 볼 수 있다. "예수 그리스도의 종이요 야고보의 형제인 유다"(유 1:1)라고 예수 형을 그리스도이며 자신은 그분의 종이라고 밝히고 있다. 어떻게 이런 일이 있을 수 있는가? 야고보의 경우를 자세히 살펴보기로 하자.

먼저, '형과 동생의 관계'를 조명해보겠다.

야고보는 예수님을 믿는 우리에게 매우 흥미로운 대상이 된다. 앞서 말했듯이 그는 예수님과 육체적인 형과 동생 관계에 있던 인물로서 그 누구보다도 예수님을 잘 아는 사람이었기 때문에 그는 예수님을 자신의 형 이상으로 생각하거나 믿기가 그만큼 어려웠던 사람이었다. 그는 예수 형을 하나님으로 인정하고 믿기까지 적지 않은 갈등을 겪었다.

마태복음에 따르면 예수님의 육체적 가족들은 예수님을 포함하여 최소 8명 이상이었다.

"이는 그 목수의 아들이 아니냐 그 어머니는 마리아, 그 형제들은 야고보, 요셉, 시몬, 유다라 하지 않느냐"(마 13:55).

"그 누이들은 다 우리와 함께 있지 아니하냐"(마 13:56).

'누이들'이라고 복수로 표현되고 있는 것으로 미루어보아 둘 또는 그 이상이었을 것이기에 예수님의 가족 수는 예수님을 포함하여 모두 8명 이상인 것을 알 수 있다.

아마도 야고보는 형제들 중 차남이었을 것이다. 그는 어려서부터 예수 형과 함께 장난도 치고, 형이 하는 행동을 따라하기도 하면서 동생으로서 형을 무척이나 따랐고 그 누구보다도 예수 형을 좋아했을 것이다. 특히나 아버지가 일찍 돌아가신 뒤에 예수 형은 듬직한 가장으로서의 역할을 감당했기에 아버지를 여읜 상태에서도 크게 생활고에 시달리지 않았을 것이다. 동생 야고보는 듬직한 형이 있다는 사실에 안정감을 느끼며 고마워했을 것이고, 그런 형이 동네 사람들에게 자랑스러웠을 것이다.

이번에는 '원망과 비난의 관계'를 살펴보겠다.

어느 날 그렇게 의지하던 예수 형이 홀연히 집을 나가버린 것이다. 아마도 그 어떤 가족들보다도 야고보에게는 받아들이기 힘든 일이었을 것이다. 형의 가출 사건 때문에 한순간에 가장으로서의 역할이 자기에게 지워진 것을 야고보는 힘겨워했을 것이 분명하다. 그리고 야속한 예수 형에 대한 모든 사랑과 자랑과 듬직함은 원망과 비난의 감정으로 변했을 것으로 추측된다.

심지어 그의 가족들은 그를 미쳤다고 생각했다.

"예수의 친족들이 듣고 그를 붙들러 나오니 이는 그가 미쳤다 함일러라… 무리가 예수를 둘러 앉았다가 여짜오되 보소서 당신의 어머니와 동생들과 누이들이 밖에서 찾나이다"(막 3:21,32).

이 본문에서 친족들이란 가족들을 의미하는데 그 가족들 중에서도 "예수 형은 미쳤어"라고 말했을 법한 사람은 바로 야고보였다. 그래서 그가 온 가족을 동원하여 형을 붙잡으러 나왔던 것으로 보인다.

설상가상(雪上加霜)으로 예수님은 같은 동네 사람들에게 배척을 당하는 일을 겪으셨다. 동네 사람들은 다음과 같이 예수님을 대했다.

"이 사람이 마리아의 아들 목수가 아니냐 야고보와 요셉과 유다와 시몬의 형제가 아니냐 그 누이들이 우리와 함께 여기 있지 아니하냐 하고 예수를 배척한지라"(막 6:3).

가뜩이나 형에 대하여 속상했던 야고보가 동네 사람들로부터 자기 형이 배척을 당하는 모습을 보고 집안 망신시키는 형이라는 생각을 하기에 충분한 상황이기도 하다.

그러한 형을 야고보가 온 가족과 함께 찾으러 왔을 때 예수님은 반갑게 대하기는커녕 냉정하게 대했다. 이에 관하여 성경은 다음과 같이 기록한다.

예수께서 무리에게 말씀하실 때에 그의 어머니와 동생들이 예수께 말하려고 밖에 섰더니 한 사람이 예수께 여쭈오되 보소서 당신의 어머니와 동생들이 당신께 말하려고 밖에 서 있나이다 하니 말하던 사람에게 대답하여 이르시되 누가 내 어머니이며 내 동생들이냐 하시고 손을 내밀어 제자들을 가리켜 이르시되 나의 어머니와 나의 동생들을 보라 누구든지 하늘에 계신 내 아버지의 뜻대로 하는 자가 내 형제요 자매요 어머니이니라 하시더라 마 12:46-50

마지막으로 '형에서 하나님으로' 받아들인 모습을 살펴보겠다.

야고보와 예수 형에 대한 이와 같은 관계가 오래 지속되지는 않았다. 둘 사이의 관계에 근원적인 변화가 생겼기 때문이다. 그가 더는 예수님을 자신의 형으로 보지 않고 하나님으로 알아보기 시작한 것이다. 예수 형에 대한 그의 이해와 엄청난 관점의 변화를 가져온 사건은 예수님의 부활 사건이었다. 예수 형이 전격적으로 십자가에서 처형당했을 때 동생으로서 야고보는 슬픔과 아픔을 겪지 않을 수 없었을 것이다. 집을 나가더니 결국 그렇게 객사를 하고 말았다는 생각을 했음직하다.

그러나 실망과 슬픔에 빠졌던 야고보의 귀를 의심케 하는 놀라운 소식이 들려왔다. 십자가에서 처참하게 죽은 예수 형이 사흘 만에 다시 살아났다는 소식이었다. 뿐만 아니라 야고보 자신에게도 부활한 예수 형이 나타나 보이셨다. 고린도전서에서는 "그 후에 야고보에게 보이셨으며…"(고전 15:7)라고 기록하고 있다. 야고보는 부활하신 예수 형이 더는 단순히 육신의 형이 아니라 하나님이시라는 사실을 비로소 확증하게 되었다.

예수께서 승천하시기 전에 명령하신 대로 예루살렘 교회의 첫 120명의 교인들이 마가 다락방에서 "아버지께서 약속하신 것"(행 1:4)이 오기까지 기다릴 때 야고보가 그 가운데 한 사람으로 있었다. 사도행전은 이러한 모습을 다음과 같이 언급한다.

"여자들과 예수의 어머니 마리아와 **예수의 아우들과 더불어** 마음을 같이하여 오로지 기도에 힘쓰더라"(행 1:14).

그는 더는 예수님을 자신의 혈육인 형으로 보지 않았다. 그는 자신이 원망하고 까칠하게 대했던 예수님이 바로 하나님이심을 알게 되었다. 이러한 변화의 결정적 사건이 바로 부활이었다.

오늘 우리에게 결정적으로 중요한 문제는 예수님을 하나님으로 모시고 믿는가이다. 그분은 단순히 병을 고치거나 사업을 잘되게 해주시는 분이 아니다. 예수님은 소중한 가르침과 교훈을 주신 종교 창시자나 4대 성인 중 한 분으로 여겨질 수 있는 분도 아니다. 그분은 하나님이시다. 그분은 죽은 자 가운데서 다시 살아나심으로써 자신이 하나님이심을 명백히 증명하셨기 때문이다.

야고보가 예수님을 하나님으로 인식하고 그분을 믿었다는 말은 하나님이신 예수님께 영원히 무릎을 꿇었다는 말이다. 더는 자신을 위해 살지 않고 그분께 자신의 모든 삶을 의탁했다는 말이다. 그는 사도들과 함께 예루살렘 교회를 섬기는 중요한 영적 리더가 되었다. 사울이 바울이 되어 아라비아 3년 생활을 마치고 예루살렘 교회를 방문했을 때 그곳에서 야고보를 만났다.

"주의 형제 야고보 외에 다른 사도들을 보지 못하였노라"(갈 1:19).

야고보는 예루살렘 교회의 중요한 리더로 헌신했다. 그는 예루살렘의 실질적인 담임목회자 역할을 했다. 그리고 나중에 기록한 서신서인 야고보서에서 그는 자신을 이렇게 진술하다.

"하나님과 주 예수 그리스도의 종 야고보는 흩어져 있는 열두 지파에게 문안하노라"(약 1:1).

예수 형의 동생이었던 야고보는 주 예수 그리스도의 종이 되어 하나님께 영원히 굴복한 것이다.

당신에게 예수님은 누구이신가? 치유자이신가? 복을 주시는 분이신가? 좋은 교양인이 되게 도와주시는 위대한 스승이신가? 무언가 도움을 요청하면 들어주시는 조력자이신가? 천국행 티켓을 확보해주신 여행사 사장이신가?

그분은 하나님이시다. 부활로 하나님이심을 분명하게 증명해주신 하나님이시다. 하나님께서는 예수님의 부활로 모든 사람에게 믿을 만한 증거를 주셨다. 사도행전에서 사도 바울은 아테네 아레오바고 언덕에서 복음을 전할 때 다음과 같이 선언했다.

"알지 못하던 시대에는 하나님이 간과하셨거니와 이제는 어디든지 사람에게 다 명하사 회개하라 하셨으니 이는 정하신 사람으로 하여금 천하를 공의로 심판할 날을 작정하시고 이에 그를 죽은 자 가운데서 다시 살리신 것으로 모든 사람에게 믿을 만한 증거를 주셨음이니라 하니라"(행 17:30,31).

그분이 하나님이시면 우리는 예수님께 무릎 꿇고 그분이 말씀하시는 대로 순종하며 살아야 마땅하다. 그분이 진정으로 당신의 모든 삶을 주관하시는 하나님이신가?

부활의 증인으로서의 바울의 변화

먼저, '핍박자 사울'을 살펴보겠다.

신약성경의 인물들 중에서 예수님을 한낱 인간으로 알았고 신성모독의 죄를 범하고 있는 이단의 괴수 정도로 알았다가 부활하신 그분을 만남으로써 삶이 극적으로 영원히 바뀐 사람들 중에 제일 먼저 손꼽을 수 있는 사람이 바울일 것이다. 그는 예수님을 적극적으로 대적하여 예수 믿는 사람들을 잡아 죽이는 일에 선봉장 역할을 했었다. 그런데 예수님을 만나고 지독한 핍박자에서 핍박받는 사람으로 바뀌었다. 그에 관한 기록이 처음으로 등장하는 곳이 사도행전이다.

"성 밖으로 내치고 돌로 칠새 증인들이 옷을 벗어 사울이라 하는 청년의 발 앞에 두니라"(행 7:58).

이 말씀은 유대인들이 스데반의 설교를 듣고 그를 돌로 쳐서 죽이려 할 때를 기록하고 있다. 곧이어 사람들은 스데반을 돌로 쳐죽였고 사울은 그것을 당연하게 생각했다.

"사울은 그가 죽임 당함을 마땅히 여기더라"(행 8:1).

이렇게 성경에 등장한 사울에 관한 이야기는 9장부터 본격적으로 전개된다. 13장 이후부터 마지막 장까지는 사도로 변화되어 복음을 증거한 이야기로 가득 채워져 있다. 9장 1절에서부터 19절까지에는 그가 어떻게 핍박자로부터 핍박받는 자로 변하게 되었는지를 소상히 기록하고 있다. 이러한 그에 관한 기록은 같은 사도행전에서 두 번씩이나 그의 입을 통해 간증 형식으로 소개되어 있다(행 22:6-16, 26:12-18 참조).

　바울은 당대에 아주 잘나가던 인물이었다. 그는 정통 유대인 베냐민 지파 출신으로서 길리기아 다소 지방에서 태어나 8일 만에 할례를 받은 히브리인 중의 히브리인이었으며, 유대교 중에서도 가장 엄한 파였던 바리새인이었고, 어린 나이에 예루살렘으로 유학하여 당대의 가장 유명한 석학이었던 가말리엘의 문하생으로서 율법의 가장 엄한 교훈으로 무장했다(빌 3:5; 행 22:3, 26:5). 특히 그는 율법으로는 흠이 없는 자였다. 그런 그가 어떻게 예수를 박해했는지 사도행전에 나타난 그의 고백을 직접 들어보자.

　나도 나사렛 예수의 이름을 대적하여 많은 일을 행하여야 될 줄 스스로 생각하고 예루살렘에서 이런 일을 행하여 대제사장들에게서 권한을 받아 가지고 많은 성도를 옥에 가두며 또 죽일 때에 내

가 찬성 투표를 하였고 또 모든 회당에서 여러 번 형벌하여 강제
로 모독하는 말을 하게 하고 그들에 대하여 심히 격분하여 외국
성에까지 가서 박해하였고 그 일로 대제사장들의 권한과 위임을
받고 다메섹으로 갔나이다 행 26:9-12

핍박자로서의 그는 악명이 높았다. 그가 부활하신 예수님을
전하는 일꾼으로 변화되었을 때 기존의 기독교인들은 그가 변
한 사실이 위장일 수 있다는 생각에 매우 긴장했음을 볼 수 있
다. 사울이 다메섹에서 즉각적으로 복음을 전했을 때 그의 말을
들은 사람들의 반응이 사도행전에 잘 나타나 있다.

듣는 사람이 다 놀라 말하되 이 사람이 예루살렘에서 이 이름을
부르는 사람을 멸하려던 자가 아니냐 여기 온 것도 그들을 결박
하여 대제사장들에게 끌어가고자 함이 아니냐 하더라 행 9:21

다음으로, 바울이 부활하신 예수를 만난 부분을 살펴보겠다.
그는 예루살렘과 유대 지역뿐 아니라 먼 이웃나라의 큰 성이
었던 다메섹까지 가서 예수 믿는 사람들을 붙잡아오기 위해 당
국자들로부터 권위를 부여받아 그곳으로 가고 있었다. 그곳으
로 가던 도중에 그는 부활하신 예수님을 만나게 된다. 사도행

전은 이러한 사건을 다음과 같이 기록한다.

> 사울이 길을 가다가 다메섹에 가까이 이르더니 홀연히 하늘로부터 빛이 그를 둘러 비추는지라 땅에 엎드러져 들으매 소리가 있어 이르시되 사울아 사울아 네가 어찌하여 나를 박해하느냐 하시거늘 대답하되 주여 누구시니이까 이르시되 나는 네가 박해하는 예수라 너는 일어나 시내로 들어가라 네가 행할 것을 네게 이를 자가 있느니라 하시니 같이 가던 사람들은 소리만 듣고 아무도 보지 못하여 말을 못하고 서 있더라 행 9:3-7

이렇게 부활하신 예수님을 만난 사울은 곧바로 다메섹으로 들어가 사흘 동안 보지도 못하고 먹지도 못하고 마시지도 못했다(행 9:9). 그러고는 하나님이 보내주신 아나니아를 통해 안수를 받고 눈에서 비늘 같은 것이 벗어져 다시 보게 되었고 침례를 받게 됨으로써 그는 지금까지의 사울이 아니라 영원히 변화된 사울이 되었다. 그는 그 즉시로 부활하신 예수님을 전하기 시작했다.

"즉시로 각 회당에서 예수가 하나님의 아들이심을 전파하니"(행 9:20).

이제 핍박받는 바울로 변하는 장면을 살펴보겠다.

부활하신 예수님을 만난 이후 사울은 바울로 이름이 바뀌었으며 남은 여생 동안 예수님을 증거하는 일에 전력투구했다. 당연히 그의 사역으로 말미암아 이루 말할 수 없는 핍박을 당했는데, 그는 자신이 당한 핍박과 환란을 다음과 같이 기술했다.

그들이 그리스도의 일꾼이냐 정신없는 말을 하거니와 나는 더욱 그러하도다 내가 수고를 넘치도록 하고 옥에 갇히기도 더 많이 하고 매도 수없이 맞고 여러 번 죽을 뻔하였으니 유대인들에게 사십에서 하나 감한 매를 다섯 번 맞았으며 세 번 태장으로 맞고 한 번 돌로 맞고 세 번 파선하고 일주야를 깊은 바다에서 지냈으며 여러 번 여행하면서 강의 위험과 강도의 위험과 동족의 위험과 이방인의 위험과 시내의 위험과 광야의 위험과 바다의 위험과 거짓 형제 중의 위험을 당하고 또 수고하며 애쓰고 여러 번 자지 못하고 주리며 목마르고 여러 번 굶고 춥고 헐벗었노라 고후 11:23-27

사도 바울은 그야말로 목숨을 걸고 부활하신 예수께서 하나님이심을 증거하는 일에 전념했다. 그는 루스드라에서 복음을 전할 때 안디옥과 이고니온에서 온 유대인들의 선동에 의해 돌에 맞아 실질적으로 죽은 상태로 여겨져 성 밖에 내버려지기도 했다(행 14:19). 그가 생의 마지막 언저리에 예루살렘으로 올라

갔을 때 그를 제거하기를 원하던 유대인들 중에는 그를 죽이기 전에는 먹지도 않고 자지도 않겠다는 40명의 결사대를 만나는 일도 있었다(행 23:21, 22).

무엇이 핍박자 사울을 이토록 가는 곳마다 목숨의 위협을 당하는 핍박받는 바울이 되게 만들었는가? 그것은 딱 한 가지이다. 그가 부활하신 예수님을 만난 사건 때문이었다. 자신이 핍박하던 예수가 바로 십자가에서 죽임을 당하고 사흘 만에 부활하실 것으로 예언된 그리스도이며 그분이 자신에게 나타나 보이신 사건 때문에 그는 예수님을 하나님으로, 주님으로 굴복하지 않을 수 없었기 때문이다. 부활하신 예수님은 하나님이시며 주님이시다.

부활의 렌즈로 보는 구약의 예언과 십자가

어떤 이들은 부활을 강조하는 것을 못마땅하게 여기면서 부활을 강조하는 것은 신학적 균형을 잃는 위험성을 지니고 있다고 비난한다. 부활을 강조하는 것이 과연 신학적으로 균형을 잃은 것인가? 그 반대이다. 그동안 십자가에만 지나치게 강조점을 두어왔다는 사실은 그야말로 신학적 균형을 크게 상실했음을 잘 나타내준다. 균형이라는 말은 양자를 동등한 수준에서, 비슷하게 강조하는 것을 의미한다. 그런데 그동안 우리는 이 양자, 곧 십자가와 부활을 어떻게, 어느 것을 균형을 깨뜨리면서 강조해왔는가?

일 년 내내 십자가는 강조해왔지만 부활은 대개의 경우 부활절에나 한 번 설교하는 것이 고작인 상황이 아니었던가? 복음을 전할 때 십자가와 함께 부활을 언급하고 십자가에서 죽으시고 삼 일 만에 부활하신 예수님을 믿으라고 말하고 가르치는 것은 사실이다. 하지만 부활이 왜 그토록 중요하고, 왜 반드시 부활하신 예수님을 믿어야 하는지에 관해서는 충분히 설명해주지 못한 것도 사실이다. 이러한 상황에 대한 인식과 함께 복음을 전하는 것이 부활을 증거하는 것이라는 관점에서 그동안 제대로 조명되지 않았던 부활을 강조하는 것은 너무도 당연한 일이 아니겠는가?

부활을 강조하는 이유가 어디에 있는가? 부활이 적절히 강조되고 설명될 때 오히려 십자가에서 죽으신 분이 하나님이시라는 사실을 선명하게 드러내기 때문에 부활을 강조하는 일은 십자가의 의미를 온전하게 이해하도록 돕는다. 부활을 통해 십자가를 보게 되면 예수님이 흘리신 피가 하나님의 피였으며 우리의 모든 죄를 영원히 완전하게 사해주는 능력 있는 보배로운 피임을 확증하게 된다. 어떤 의미에서도 부활이 십자가를 약화시키거나 소홀히 여기는 결과를 가져올 수 없다.

부활은 성경을 여는 열쇠와 같다고 말한다. 즉, 부활이라는 렌즈를 통해 십자가를 보면 그 십자가에서 하나님이신 예수님이 죽으신 사실이 선명하게 드러난다. 부활이라는 렌즈를 통해 볼 때 구약의 모든 예언이 예수님에게서 어떻게 실현되었는지가 명확하게 보인다.

회개

CHAPTER 4

회개

자기가 주인 된 죄를 용서받을 수 있는 유일한 방법은 하나님께서 주도적으로 마련해주신 해결책을 믿는 것이다. 십자가에서 죽으신 예수님은 성자 하나님이셨다. 그분의 십자가는 하나님으로서 지신 십자가였으며, 그것을 믿을 수 있도록 확증해주신 증거가 그분의 부활이다.

그분은 하나님으로서 모든 인간들의 죄를 대신해서 보배로운 피를 십자가에서 흘리셨으며 그 피가 하늘 성소에서 단번에 제물로 바쳐졌다. 그리고 앞에서 살펴본 바와 같이 예수님이 성경의 예언대로 사흘 만에 부활하신 사건은 그분이 하나님으로서 우리를 위해 죽으신 사실을 명백하게 증명해준다.

구약성경에서 지속적으로 예언된 십자가의 죽으심과 부활은 예수님 자신의 예언으로도 반복적으로 주장되었는데 이러한 예언이 그분의 죽으심과 부활로 성취됨으로써 그분이 하나님이심을 확증해준다. 하나님이 피조물인 인간을 대신하여 죽는다고 호언했음에도 불구하고 그분이 다시 살아나지 못했다면 그분은 한낱 종교 사기꾼에 불과한 존재였을 것이며 바울이 말한 바와 같이 우리가 여전히 죄 가운데 있을 것이다.

"그리스도께서 다시 살아나신 일이 없으면 너희의 믿음도 헛되고 너희가 여전히 죄 가운데 있을 것이요"(고전 15:17).

앞 장에서 우리는 예수께서 부활하신 사건이 어떻게 그분이 하나님이심을 증명했는지를 살펴보았다. 그분은 하나님으로서 우리를 사랑하셔서 이 세상에 오셨고, 우리를 사랑하시기에 십자가에서 대신 죽임을 당하셨다. 그리고 사흘 만에 다시 살아나심으로써 구약의 모든 예언과 예수님 자신의 예언대로 살아나신 하나님이심을 확증해주셨다. 이로써 모든 인류의 죄가 그분의 십자가로 완전히, 그리고 영원히 사함을 받았음이 선포되었다. 이제는 각자가 그분을 나를 구원하기 위해 세상에 오신 하나님으로 믿고 자신의 주인으로 모셔들이는 일만 남은 것이다.

제1장에서 살펴본 바와 같이 근원적이고 본질적인 죄는 자신이 스스로 하나님과 같아지려는 교만이다. 그것은 엄연히 하나님을 상대로 지은 무서운 죄이다. 이 근본적인 죄로부터 파생되어 범하게 된 죄악들이 곧 인간을 상대로 지은 수많은 죄악들이다.

이제는 하나님께서 완전하게 해결해주신 죄 사함의 선물을 믿음으로 받아들이는 것이 필요하다. 이 죄 사함의 선물을 받으려면 회개해야 한다. 성경은 거듭해서 회개할 것을 촉구한다. 사역을 시작할 때, 침례 요한의 첫 일성(一聲)은 "회개하라 천국이 가까이 왔느니라"(마 3:2)라는 것이었다. 예수께서 그분의 사역을 시작하실 때의 첫 일성 역시 "회개하라 천국이 가까이 왔느니라"(마 4:17)라는 것이었다.

예수께서는 십자가에서 죽으시고 사흘 만에 다시 살아나셔서 40일간 자신이 부활하신 사실을 제자들에게 확신시키신 후 하늘로 승천하셨다. 그리고 그분이 약속하신 대로 열흘 후에 성령께서 마가의 다락방에 강림하셨다.

성령강림 사건으로 말미암아 제자들은 더 이상 두려워하지 않고 죽음을 무릅쓰고 그분이 부활하신 사실을 증거하며 하나님으로서 죽으신 예수님을 전하기 시작했다. 오순절 날 베드로의 첫 설교를 들은 유대인들은 자신들이 하나님이신 예수님을 죽인 사실을 듣고 마음에 찔려 외쳤다.

"우리가 어찌할꼬."

이때 베드로는 거침없이 대답했다(행 2:38).

"너희가 회개하여 각각 예수 그리스도의 이름으로 침례를 받고 죄 사함을 받으라 그리하면 성령의 선물을 받으리니."

사실상 우리가 태어나서
지금까지 지어온
모든 죄악들을 회개하려면
한도 끝도 없다.

그리고 그날 무려 3천 명의 사람들이 회개하고 예수님을 믿으며 침례를 받는 놀라운 사건이 일어났다. 아무리 심각한 죄책감을 불러일으키는 죄라도 회개를 통해 완전하게 사함 받을 수 있다.

회개는 구원의 필수조건이다

회개는 구원의 필수조건이다. 회개는 구원을 받게 하고, 영원한 생명을 얻게 하며, 죄 사함을 받게 하는 하나님의 능력이다. 따라서 회개가 무엇인지를 정확히 이해하고 무엇을 회개할 것인지를 바르게 알고 바르게 회개하는 것은 너무도 중요하다. 고린도후서에서는 이러한 회개가 구원에 이르게 한다고 말한다.

하나님의 뜻대로 하는 근심은 후회할 것이 없는 구원에 이르게 하는 회개를 이루는 것이요 세상 근심은 사망을 이루는 것이니라 고후 7:10

그렇기 때문에 회개하지 않고 구원받을 수 있는 사람은 아무도 없다. 구원을 얻게 하는 회개는 또한 생명을 얻게 하는 능력이 있다. 하나님은 진정으로 근원적인 죄를 회개한 자들을 구원하실 뿐 아니라 영원한 생명을 얻게 하신다. 회개는 죄에 대한 형벌인 영원한 사망으로부터 영원한 생명을 얻게 해주는 하나님의 능력이다. 이에 관하여 사도행전은 다음과 같이 말한다.

"그들이 이 말을 듣고 잠잠하여 하나님께 영광을 돌려 이르되 그러면 하나님께서 이방인에게도 생명 얻는 회개를 주셨도다 하니라"(행 11:18).

이 말씀은 베드로가 이방인 백부장의 집에 초대되어 음식을 먹고 복음을 전한 일에 대하여 유대 지방의 교회에 있던 할례자들이 문제 삼았을 때 베드로의 말을 들은 그 할례자들이 깨닫고 한 말이다. 이러한 문맥 속에서 그들은 회개의 의미를 '생명을 주는 회개'로 받아들였다.

한편, 누가에 따르면 회개는 죄 사함을 얻게 하는 능력이 있다.

"또 그의 이름으로 죄 사함을 받게 하는 회개가 예루살렘에서 시작하여 모든 족속에게 전파될 것이 기록되었으니"(눅 24:47).

이것은 부활하신 예수께서 열한 제자들이 모인 곳에 나타나셔서 그들이 예수께서 부활하신 사실을 확실히 믿을 수 있도록 손과 발을 보여주시고 심지어 음식까지 잡수신 후에 자신에 대하여 성경에 예언된 죽으심과 부활에 관한 내용들을 상기시키시면서 하신 말씀이다. 여기에서 예수께서는 "죄 사함을 받게 하는 회개"로 말씀하셨다.

회개는 이렇듯 죄 사함을 받게 하고, 생명을 얻게 하며, 구원을 받게 하는 하나님의 능력이다. 회개하지 않은 사람에게 이러한 능력이 이루어지는 것은 상상할 수 없다. 반드시 회개를 해야만 구원을 받게 되는 것이다.

도덕적, 윤리적 죄의 회개가 우선이 아니다

우리가 하나님 앞에서 회개한다는 말은 다른 사람들을 대상으로 지은 도덕적, 윤리적 죄악들을 회개하는 것을 훨씬 더 넘어서는 것이다. 그보다 더 근원적이고 심각한 죄를 회개하는 것이다.

사실상 우리가 태어나서 지금까지 지어온 모든 죄악들을 회개하려면 한도 끝도 없다. 정말로 심각한 수준에서 눈물 콧물을 쏟으며 회개했다 할지라도 시간이 지나면 다시 회개할 것들이 생겨날 뿐 아니라 이전에 회개하지 못했던 또 다른 많은 죄악들이 새롭게 생각나게 된다. 거기서 한 걸음 더 나아가 이전에 회개했던 죄악들을 모두 완전히 사함 받았다는 확신이 약해지기도 한다. 그러면 또다시 회개하는 일을 반복할 수밖에 없다. 그렇기 때문에 회개는 단순히 인간들 간에 지은 도덕적, 윤리적 죄악들을 하나님 앞에 쏟아놓는 것이 아니다.

물론 도덕적, 윤리적 죄악들은 인간에게 양심의 가책을 느끼게 함으로써 자신이 죄인인 사실을 일깨워주는 역할을 하기도 한다. 문제는 그것들이 하나님을 상대로 지은 근본적인 죄를 회개하는 데까지 이르게 하지는 못한다는 데 있다. 우리가 죄인인 이유는 그 무엇보다도, 그 누구보다도 하나님을 대상으로 죄를 범했기 때문이며, 하나님을 거부하며 무시하고 자기가 주인 되어 자기 마음대로 살아가고 있기 때문이다.

진정으로 회개하기를 원한다면 반드시 우선적으로 회개할 죄는 하나님을 상대로 지은 근본 죄라는 사실을 분명하게 인식해야 한다. 사람들을 대상으로 지은 죄악들, 즉 양심에 거리끼는 죄악들을 가슴 깊이 회개한다 할지라도 그 모든 죄악들의 근본 뿌리가 해결되지 않으면 진정한 회개가 아니다.

인간들을 대상으로 지은 죄는 하나님을 대상으로 범한 죄로부터 파생된 자연스러운 결과이다. 따라서 진정한 회개는 결코 인간들을 대상으로 지은 파생된 죄악들에 대한 것이 아니라 하나님을 대상으로 지은 원초적이고도 근본적인 죄에 대한 것이어야 한다. 제1장에서 본 바와 같이 마귀가 지은 죄와 동일한 죄인 "내가 하나님과 같아지리라"라고 교만해져 자기가 자신의 주인이 되어 하나님을 무시하고 자기 마음대로 행동하며 살아가는 근원적인 죄를 회개해야 한다. '너희가 그것을 먹는 날에는 너희 눈이 밝아져 하나님과 같이 된다'는 사탄의 유혹에 넘어가 자신이 하나님의 자리에 앉고 자기가 자신의 주인이 된 바로 그 무서운 죄를 회개해야 한다.

예수 믿지 않는 죄를 회개해야 한다

예수께서는 지상 사역의 마지막 날 밤에 마가의 다락방에서 지난 3년 반 동안 데리고 다니면서 훈련시키신 제자들을 대상으로 긴 가르침을 주셨다(요 13~17장). 그분께서 그날 밤 제자들에게 주신 마지막 교훈들 가운데에는 자신이 떠나가는 것이 제자들에게 유익한 일이라는 말씀이 있었다. 그 이유는 그분이 하늘나라에 가셔서 성령을 보내주실 것이기 때문이라고 하셨다.

그러나 내가 너희에게 실상을 말하노니 내가 떠나가는 것이 너희에게 유익이라 내가 떠나가지 아니하면 보혜사가 너희에게로 오시지 아니할 것이요 가면 내가 그를 너희에게로 보내리니 요 16:7

이어서 예수께서는 제자들에게 성령께서 오셔서 하실 일을 말

오늘날 그 누구도 자신이 주인 된 죄,
예수 믿지 않는 죄,
자신이 하나님의 자리에
올라앉은 죄를 회개하지 않으면
구원받을 수 없다.

씀해주셨다.

> 그가 와서 죄에 대하여, 의에 대하여, 심판에 대하여 세상을 책망
> 하시리라 죄에 대하여라 함은 그들이 나를 믿지 아니함이요 의에
> 대하여라 함은 내가 아버지께로 가니 너희가 다시 나를 보지 못
> 함이요 심판에 대하여라 함은 이 세상 임금이 심판을 받았음이라
> 요 16:8-11

여기에서 집중적으로 조명해봐야 할 내용은 성령께서 오셔서 책망하시는 죄에 관한 것이다. 예수께서는 성령께서 오셔서 책망하실 죄가 예수님 자신을 믿지 않는 것이라고 말씀하셨다.

'예수를 믿지 않는 것이 죄다?' 이 말은 무슨 뜻인가? 왜 예수님을 믿지 않는 것이 죄인가? 얼핏 보기에는 그다지 설득력이 없어 보인다. 왜냐하면 모든 종교들이 자기들의 종교를 믿지 않으면 죄라고 말할 것이라는 생각이 들기 때문이다. 그러나 이 말씀은 그런 종류의 말씀이 아니다. 반드시 주목해야 할 언급으로는 예수 믿지 않는 죄는 오직 성령께서만 깨닫게 하시고 책망하시는 죄라는 부분이다.

예수 믿지 않는 것이 죄인 이유는 너무도 분명하다. 인간은 사탄이 그랬던 것처럼 스스로 자신을 높여 하나님의 자리에 올

라가 자신이 주인 된 교만한 죄를 범했다. 인간은 하나님을 상대로 죄를 범함으로써 사탄과 동일하게 영원히 지옥 불에 떨어질 운명에 처해 있었다.

그러나 죄를 범한 인간을 사랑하신 하나님께서는 그 인간들을 용서하고 구원하기 위해 아들을 보내셨고 그 인간들을 위해 대신 죽게 하셨다. 그리고 사흘 만에 다시 살리심으로써 그분이 진정으로 하나님이셨고, 하나님으로서 우리를 위해 죽임을 당하신 엄청난 희생을 치르셨으며, 또 그분의 죽으심이 하나님으로서의 죽으심이었음을 부활로 증명해주시기까지 하셨다.

그분의 부활은 하나님께서 모든 사람들에게 주신 믿을 수 있는 증거이다(행 17:31). 그럼에도 불구하고 죄를 지은 인간이 예수님을 믿지 않고 배척하며 여전히 자기가 자신의 삶의 주인이 되어 살아가겠다는 것이기에 예수를 믿지 않는 것이 얼마나 엄청나게 큰 죄인지를 성령께서 깨닫게 하시고 책망하신다는 말씀이다. 따라서 인간이 범한 악한 죄악들을 모두 합친다 할지라도 예수님을 믿지 않는 죄가 그보다 훨씬 크고 중한 죄이다. 진정한 회개는 바로 예수를 믿지 않는 죄를 회개하는 것이다.

회개는 단순히 죄송하다는 말이 아니다

하나님 앞에 회개하는 것은 단순히 "오, 하나님 죄송합니다"(Oh, God. I am sorry)라고 말하는 것이 아니다. 앞서 말한 바와 같이 인간이 하나님을 무시하고 자신이 하나님의 자리에 앉아 자신이 온 우주의 주인이 되어 자기 마음대로 살아가는 죄를 지었기에 회개는 중대한 죄에 걸맞게 보다 심각한 수준에서 이루어져야 한다.

더욱이 하나님의 아들 예수님이 우리를 대신하여 죽으신 놀라운 사건을 생각한다면 자기가 주인 된 죄의 심각성을 깨닫고 예수님을 믿지 않는 죄를 회개하고 자신의 인생의 주인을 그분으로 바꾸는 것이 마땅하다. 이러한 회개는 자신의 전존재(全存在)의 무게를 얹은 수준의 것이 되어야만 한다. 그런 의미에서 회개는 일생일대의 획기적인 사건이다. 회개는 자신의 인생의 주인을 바꾸는 일이다.

회개는 하나님과 원수 된 자신의 자리로부터 돌이키는 것이기에 반드시 하나님과 화해가 이루어질 수 있는 심각한 수준에서 이루어져야만 한다. 그렇다고 태어나서 지금까지 지은 모든 윤리적, 도덕적 죄악들과 자기 양심에 찔리는 죄악들을 모두 기억해내어 몇 날 며칠 동안 주저리주저리 눈물을 쏟아야 하는 것이 아니다. 진정한 회개는 자신을 스스로 하나님의 자리에까지 높여 자기가 주인 되어 살아온 죄를 뉘우치고 그 죄를 하나님께 고백하고 용서를 구하는 것이다.

오순절 날 베드로의 설교를 통하여 예수께서 죽은 지 사흘 만에 다시 살아나신 사실을 들은 유대인들은 참으로 당황하고 놀라지 않을 수 없었다.

> 그런즉 이스라엘 온 집은 확실히 알지니 너희가 십자가에 못 박은 이 예수를 하나님이 주와 그리스도가 되게 하셨느니라 하니라
> 행 2:36

베드로는 유대인들을 향하여 그들이 십자가에서 죽인 예수를 하나님이 살리셨으며 이 일에 자신들이 증인이라고 증거했다. 그는 이 말씀에 앞서 32절에서 "이 예수를 하나님이 살리신지라 우리가 다 이 일에 증인이로다"라고 선언했다.

이러한 베드로의 증거를 들은 유대인들은 놀라고 당황하여 절망감 속에 비명을 지르듯 소리쳤다.

"아, 그렇다면 우리가 하나님을 죽인 자들이구나, 우리가 어찌할꼬? 이제 우린 망했구나!"

하나님을 사랑하고 섬기는 일에 자부심으로 가득 찬 유대인

들이 어찌할 바를 몰라 아우성치는 모습을 보여주고 있다. 그들이 하나님과 영원히 화해할 수 있는 유일한 길은 회개하는 것이었다.

오늘날 그 누구도 자신이 주인 된 죄, 예수 믿지 않는 죄, 자신이 하나님의 자리에 올라앉은 죄를 회개하지 않으면 구원받을 수 없다. 회개의 핵심은 자기가 주인이 된 죄다. 그 죄를 위해 아들을 세상에 보내시고 대신 형벌을 받게 하시고 사흘 만에 다시 살리신 사실을 믿지 않는 죄를 회개해야 한다. 이것이 회개의 본질이며 회개의 진정한 내용이다.

영접

CHAPTER 5

영접

복음 메시지에 생겨난 구멍들을 다시 되돌아보자.

제일 먼저 우리가 하나님 앞에서 죄를 지은 죄인이라는 사실을 이해하고 인식하는 부분에 커다란 구멍이 있음을 보았다. 성경이 말하는 근본적인 죄는 하나님을 무시하고 자신이 하나님과 동등하다고 교만을 떤 것이다. 이것이 인간이 구원받기 위해 반드시 회개해야 할 근본 죄다. 마귀가 그랬듯이 자신이 하나님과 같아지리라고 한껏 교만을 떨며 하나님을 상대로 지은 가장 심각하고 무서운 죄를 직면해야 한다.

그러나 그동안 우리가 전하고, 전해들은 복음 메시지에는 이 근원적인 죄를 심각하게 직면하지 않은 채 동료 인간들을 상대로 지은 죄악들(도덕적, 윤리적 수준의 죄악들)만을 죄로 생각하게 만든 커다란 구멍이 있었다. 죄에 대한 이러한 빗나간 오해로 말미암아 복음의 다음 요소들도 모두 연쇄적으로 구멍을 갖게 되었다.

십자가에서 우리의 죄와 죄악들을 대신하여 죽으신 예수님은 그 피로 하늘 성소에 들어가셨다. 십자가의 은혜를 소개할 때 상대적으로 크지는 않지만 이 부분에도 구멍이 있음을 발견한다. 십자가에서 흘리신 보혈로 창세전부터 하나님께서 하늘에 마련해두신 그 하늘 성소에 예수님께서 들어가 단번에 영원한 제사를 드렸다는 사실이다. 그러나 그동안 전해진 복음 메시지에서는 이 하늘 성소에서의 대속의 제물로 십자가의 피가 드려진 사실을 적절하게 강조하거나 소개하지 못했다.

복음을 소개하고 설명함에 있어 발견되는 가장 큰 구멍은 예수님이 부활하신 사건에 있음을 주목했다. 십자가 대속의 죽으심과 죽은 지 사흘 만에 부활하신 사실을 믿는다고는 하지만 부활의 의미를 적절히 설명하지도 못했고, 그 중요성에 부합한 강조도 하지 못했다. 그 결과로 복음에 있어서 부활의 의미가 가지는 중요성을 제대로 이해하지 못한 상태에서 믿는다고 말하는 경우가 허다했다.

부활은 십자가에서 죽으신 분이 바로 하나님이심을 선명하게 증명해준다. 그러나 그동안 복음을 전할 때 믿음의 확실한 증거로서 부활의 중요성을 부각시키지 못했다. 따라서 예수를 믿는 사람들이 믿음의 근거를 엉뚱하게도 자신의 느낌이나 체험 따위에 둠으로써 자주 흔들리거나 넘어지는 일이 발생했다. 그렇게 복음을 소개하고 전할 때 부활의 의미와 중요성을 강조하는 부분에 생겨난 구멍이 너무나 크다.

그다음으로, 회개에 관한 소개와 설명에 있어서 생겨난 구멍도 여전히 심각한 수준이다. 죄가 무엇인지를 소개하는 부분에 생겨난 구멍은 그대로 회개와 직결되어 큰 구멍을 만들었다. 하나님과 원수가 되게 만든 근원적인 죄를 회개하는 것이 아니라 동료 인간들을 상대로 지은 도덕적, 윤리적 수준에서의 죄악들을 회개하는 수준에 그치게 하는 결과를 낳은 것이다. 회개는 죄를 회개하는 것이며, 죄란 하나님을 상대로 지은 죄, 곧 자신이 하나님의 자리에 올라앉아 스스로 주인 되어 살아온 것을 의미한다. 회개란 바로, 자신이 주인 된 죄에서 돌이키는 것이다. 단순히 도덕적, 윤리적인 죄를 회개하는 것은 하나님을 상대로 지은 근본 죄를 빗겨가게 하는 큰 구멍을 만들어버렸다.

구세주와 주님

이러한 복음의 구멍들을 들여다본 우리는 이제 마지막 큰 구멍을 직면하게 된다. 그것은 예수님을 주님이 아닌 구세주로만 영접하게 만들어온 문제이다. 나는 신학교 교수로서 연구하며 가르치는 과정에서 오늘날 복음을 제시한 결과로 사람들이 예수님을 어떤 분으로, 누구로 믿고 영접하게 되는가에 대하여 지대한 관심을 가져왔다. 그것은 예수님을 구세주로 믿는가 아니면 주님으로 믿는가의 문제였다. 특별히 그동안 예수님을 소개하는 대부분의 복음 메시지가 예수님을 구세주로 소개하며 전하고 있다는 사실에 주목했다. 거기에서부터 예수님을 주님으로 소개하는 복음 메시지의 필요성을 절실히 느꼈고 긴 시간 동안 찾아온 답을 이 책에 제시하고 있다.

복음을 소개받은 사람들이 예수님이 하나님이심을 마음으로 믿고 그분을 자신의 삶의 주인으로 영접하는 일을 통해 영원히 구원받는 일이 생겨난다. 그런데 이와 같이 구원이라는 중요한 문제에 있어서 복음을 들은 사람들이 과연 예수님을 누구라고 믿고 또 어떤 분으로 영접하게 되는가?

그 답은 자명하다. 복음을 전하는 사람이 예수님을 구세주로 소개했다면 예수님을 구세주로 이해하고 구세주로 영접하게 될 것이며, 주님으로 소개했다면 그분을 주님으로 이해하고 주님으로 영접하게 될 것이다.

물론 예수님이 구세주일 뿐 주님이 아니라거나, 주님이실 뿐 구세주가 아니라는 말은 아니다. 그분은 구세주이시며 주님이시다. 하지만 그동안 구세주 개념에 치중한 복음 메시지 위주로 소개해온 문제를 제기하는 것이다.

우리는 앞서 복음에 생겨난 구멍들을 확인하면서 그 구멍들을 깁는 작업을 시도해왔고 이제 예수님을 구세주로만이 아니라 주님으로 영접할 수 있도록 마지막 구멍을 막음으로써 구멍 난 복음을 깁는 작업을 완성하는 단계에 도달했다.

복음이 우리에게 가져다주는 가장 크고 은혜로운 결과는 그분을 하나님으로, 주님으로 영접하는 자들에게 하나님께서 영원한 생명, 영원한 구원을 주시는 것이다. 이 얼마나 엄청난 하나님의 은혜인가! 그런데 십자가에서 우리 죄를 위해 죽으시고 사흘 만에 부활하신 예수님을 주님으로 영접하는 복음의 마지막 단계에 큰 구멍이 뚫려 있었던 것이다.

그 구멍은 바로 예수님을 구세주로만 믿고 영접하는 문제이다. 하나님으로서 이 세상에 오셔서 죽으시고 부활하신 예수님을 주님으로 믿고 영접하는 대신 단순히 죄에서 구원해주시는 구주 또는 구세주로 믿는 것에 그치는 것이 문제다.

지난 수십 년 동안 전하고 강조해온 복음 메시지가 예수님을 구세주로 소개하는 데에만 초점이 맞추어져 왔다는 사실에 놀라움을 금할 길이 없다. 대부분의 전도 메시지에 소개된 복음은 마지막 단계에서 영접하는 기도를 제시한다.

그 내용을 살펴보면 예수님을 "구세주와 주님으로 영접합니다"라고 되어 있다. 혹자는 이것을 근거로 이미 예수님을 주님으로 영접한다는 말이 분명히 있지 않으냐고 반문할 수도 있다. 물론 대부분의 전도 메시지에 마지막 영접 단계에서 예수님을 주님으로 영접한다는 말이 있는 것은 사실이다. 하지만 영접기도에 앞서 예수님을 구세주로 소개해놓고는 마지막 영접기도를 하는 단계에서 '주님'이라는 단어 하나를 더 추가했다고 해서 복음을 소개받는 사람들이 예수님이 '주님'이라는 말의 의미를 제대로 이해하고 믿을 수 있겠는가?

예수님이 누구이신지를 소개하는 복음 메시지에서 예수님을 구세주라고 집중적으로 소개해놓고는, 믿고 영접할 때는 주님으로 영접하기를 기대한다면 그야말로 엉뚱한 결과를 낳을 뿐이다. 사실상 오늘날 그리스도인들이 사회 속에서 삶의 주인이 바뀐 자로 살지 못하고 오로지 구원받은 사실만 확신하며 믿음을 주장하는 모순된 모습은 바로 여기에 그 원인이 있다. 십자가에서 우리의 모든 죄를 대신하여 형벌을 받으셨기에 그분을 믿기만 하면 구원받는다는 사실은 얼마나 놀랍고 복된 소식인가! 하지만 여기에 큼지막한 구멍이 있다니 얼마나 당황스런 일인가!

이러한 문제는 앞서 복음의 본질을 구성하는 핵심 요소들인 죄, 십자가, 부활, 회개에 생긴 구멍들을 집지 않은 채 전해왔기 때문에 생겨난 자연스러운 결과이다. 죄가 윤리적, 도덕적 차원의 것으로 이해되었기에 십자가도 윤리적이고 도덕적인 죄악들을 해결해주는 능력으로 이해하는 것은 매우 당연한 일이 아닐 수 없다. 이러한 이해에 바탕을 둔 회개는 바로 앞에서 지적받은 도덕적, 윤리적 죄악들로부터 뉘우치는 선에서, 그것도 하나님께 죄송하다는 말을 하는 정도에서 그쳐버리는 피상적인 수준에서 회개가 이루어지는 심각한 문제를 수반한다.

이러한 문제는 결국 예수님을 도덕적, 윤리적 죄책감으로부터 해방시켜주고 구원해주는 구세주로만 이해하고 믿으며 신앙을 고백하는 결과를 초래하게 된다. 여기에는 하나님을 거부하고 직접 하나님의 자리에 올라 자기가 주인이 된 근본 문제에 대한 해결로서 주인을 바꾸는 의미의 회개와 영접은 전혀 이루어지지 않는다. 그렇게 예수님을 구세주로 영접한 사람들의 삶이 그리스도인으로서의 삶으로 변화되기를 기대하는 것은 무리이다. 왜냐하면 비록 예수님을 구세주로 영접했다 할지라도 그 사람의 마음과 생각 속에 '예수님이 나의 주인'이시라는 사실이 확고하게 자리잡을 수 없기 때문이다.

제1장에서 살펴본 바와 같이 죄는 자기가 하나님과 같아지겠다고 교만해져서 자기가 인생의 주인이 되어 마음대로 살아

가는 것이다. 하나님을 대상으로 범한 것이 근본적인 죄이기 때문에 그 죄로부터 회개했다면 이제는 그분을 하나님으로, 주님으로 모시는 것이 당연한 일이다. 자기가 주인 되어 삶을 마음대로 좌지우지했던 바로 그 자리에 하나님을 주님으로 모시는 것은 너무도 당연하지 않은가!

주님으로 영접하는 자

하나님이신 예수께서 세상에 오셨을 때 사람들은 그분을 알아보지 못했고, 창조주로서 자신이 만드신 피조세계에 오셨음에도 불구하고 예수님은 당신이 만드신 인간들로부터 거부당하고 배척당하셨다. 이러한 그분의 답답한 상황을 사도 요한은 이렇게 기록했다.

"빛이 어둠에 비치되 어둠이 깨닫지 못하더라"(요 1:5).

뿐만 아니라 자기 백성인 이스라엘에게 오셨지만 그들이 영접하지 않았다.

"참 빛 곧 세상에 와서 각 사람에게 비추는 빛이 있었나니 그가 세상에 계셨으며 세상은 그로 말미암아 지은 바 되었으되 세상이 그를 알지 못하였고 자기 땅에 오매 자기 백성이 영접하지 아니하였으나"(요 1:9-11).

그리고 이어서 그분을 영접하는 자들을 하나님의 자녀로 삼아주셨음을 선언했다.

"영접하는 자 곧 그 이름을 믿는 자들에게는 하나님의 자녀가 되는 권세를 주셨으니"(요 1:12).

영접(迎接)이라는 용어는 누군가를 맞아들이는 것을 뜻한다. 그분을 믿음으로 영접한다는 말은 단순히 그분이 하나님이심을 인정하고 믿는 것을 훨씬 뛰어넘는 의미를 가진다. 예수님을 영접한다는 말은 그분이 하나님이심을 알고 믿어 그분을 내 마음속에 인생의 주인으로 모시는 것을 뜻한다. 하나님이신 그분을 나의 삶 속에, 나의 마음속에 주인으로 모셔들인다는 말은 자신의 인생의 주인을 바꾼다는 심각한 의미를 지닌다.

부활을 통해 십자가를 보게 되었을 때 그 십자가에 달려 죽임을 당하신 분이 하나님이시라는 사실이 선명하게 보이게 된다. 이것이 선명해지면 우리는 우리의 죄를 대신해서 하나님이 죽으셨다는 사실 앞에 무릎을 꿇지 않을 수 없다. 그리고 그분을 "나의 하나님이시며, 나의 주님이십니다"라고 고백하며 마음속에 하나님으로, 주님으로 영접하지 않을 수 없다. 예수께서는 바로 이렇게 영접하는 자들에게 하나님의 자녀가 되는 권세를 주셨다고 선언하셨다.

하나님이신 그분을 나의 삶 속에,
나의 마음속에
주인으로 모셔들인다는 말은
자신의 인생의 주인을 바꾼다는
심각한 의미를 지닌다.

주인을 바꾼 새로운 피조물

예수님을 믿고 구원받았다고 말하는 대부분의 사람들이 소중하게 여기며 암송하는 유명한 구절 가운데 하나가 고린도후서 5장 17절이다.

"그런즉 누구든지 그리스도 안에 있으면 새로운 피조물이라 이전 것은 지나갔으니 보라 새 것이 되었도다."

얼마나 많은 사람들이 이 구절을 자신들이 거듭난 하나님의 사람들이 되었는지를 확신하는 근거로 삼고 있는지 모른다! 그러나 이 구절이 어떤 문맥 속에서 나온 말씀이며 또 그 문맥 속에서의 의미가 무엇인지를 아는 사람들은 그다지 많지 않은 것 같다.

앞 절에서는 다음과 같이 말하고 있다.

그가 모든 사람을 대신하여 죽으심은 살아 있는 자들로 하여금 다시는 그들 자신을 위하여 살지 않고 오직 그들을 대신하여 죽었다가 다시 살아나신 이를 위하여 살게 하려 함이라 그러므로 우리가 이제부터는 어떤 사람도 육신을 따라 알지 아니하노라 비록 우리가 그리스도도 육신을 따라 알았으나 이제부터는 그같이 알지 아니하노라 고후 5:15,16

16절은 예수께서 모든 사람을 대신하여 죽으신 이유를 밝히고 있다. 그런데 그 이유가 우리를 죄에서 구원하시기 위해서라는 우리의 예상과는 다르다. 그분이 모든 사람들을 대신하여 죽으신 이유는 살아 있는 자들(구원받은 자들)이 더 이상 자신을 위해 살지 않고 이제는 자신을 대신하여 죽었다가 살아나신 예수님을 위해 살게 하기 위함이라고 말한다.

그분이 우리를 위해 죽으시고 부활하신 이유가 그분을 주님으로 믿는 자들의 삶의 이유와 목적이 더 이상 자신들을 위한 것이 아니라 주님을 위한 것으로 변화되게 하기 위함이라고 선언한다. 따라서 인생의 주인이 바뀜으로써 자신이 아닌 그분이 삶의 동기와 목적이 된 자들은 서로를 더 이상 육신의 눈으로 보지 않는다. 본문에서 바울은 심지어 과거에는 우리가 그리스도조차도 육신으로 보았으나 이제는 그분을 그렇게 보지 않는다고 덧붙였다.

17절은 이러한 앞의 문맥으로부터 "그런즉"이라는 접속사로 시작된다. 즉, 더는 자신을 위해 사는 자가 아니라 예수님을 삶의 이유와 동기와 목적으로 여기고 살아가는 자가 되었기 때문에 그리스도 안에서 새로운 피조물이 되었다고 말하고 있다.

이 구절에서 '이전 것'이란 단순히 죄악된 이전의 삶이라기보다는 자기가 주인이 되어 자신이 삶의 이유와 동기와 목적이었던 이전의 삶이라는 의미를 지닌다. "보라, 새 것이 되었도다"라는 말 역시 더 이상 자신이 주인 된 삶이 아니라 예수님이 주인이 되어서 삶의 이유와 동기와 목적이 그분을 위한 것으로 바뀐 새로운 피조물이 되었다는 의미이다.

주가 되기 위해 죽으시고 부활하신 예수님

사도 바울은 그의 주옥같은 서신서인 로마서에서 예수께서 죽으시고 부활하신 이유가 우리의 주가 되기 위함이라고 그 목적을 분명하게 알려준다.

"이를 위하여 그리스도께서 죽었다가 다시 살아나셨으니 곧 죽은 자와 산 자의 주가 되려 하심이라"(롬 14:9).

이 구절의 첫 문구가 "이를 위하여"이다. 죽었다가 다시 살아나신 이유가 산 자와 죽은 자의 주가 되기 위함이라고 말한다. 그런데 이 구절의 의미를 제대로 이해하기 위해서는 바로 앞에 나오는 내용을 이해해야 한다.

"우리 중에 누구든지 자기를 위하여 사는 자가 없고 자기를 위하여 죽는 자도 없도다 우리가 살아도 주를 위하여 살고 죽어도 주를 위하여 죽나니 그러므로 사나 죽으나 우리가 주의 것이로다"(롬 14:7,8).

그리스도인이 더 이상 자신이 주인 되어 자신을 위해 살지 않는 자가 되었다는 바울의 기본적인 이해와 믿음은 그의 서신서 전체에 드러나 있다. 갈라디아서에서는 다음과 같이 말한다.

> 내가 그리스도와 함께 십자가에 못 박혔나니 그런즉 이제는 내가 사는 것이 아니요 오직 내 안에 그리스도께서 사시는 것이라 이제 내가 육체 가운데 사는 것은 나를 사랑하사 나를 위하여 자기 자신을 버리신 하나님의 아들을 믿는 믿음 안에서 사는 것이라 갈 2:20

죽음을 바로 앞에 두고 감옥에서 빌립보 교인들에게 쓴 서신서인 빌립보서에서 바울은 살고 죽는 문제가 오로지 예수님을 존귀하게 해드리는 데 있음을 다음과 같이 선언한다.

> 나의 간절한 기대와 소망을 따라 아무 일에든지 부끄러워하지 아니하고 지금도 전과 같이 온전히 담대하여 살든지 죽든지 내 몸에서 그리스도가 존귀하게 되게 하려 하나니 이는 내게 사는 것이 그리스도니 죽는 것도 유익함이라 빌 1:20,21

데살로니가 교인들은 믿은 지 얼마 되지 않았으나 바울이 그랬던 것처럼 예수님을 믿는다는 이유로 자신들의 동족들로부터 핍박을 받았다. 이러한 데살로니가 교인들의 믿음을 격려하려고 보낸 편지에서 바울은 예수께서 우리를 위해 죽으신 이유를 다음과 같이 제시했다.

"예수께서 우리를 위하여 죽으사 우리로 하여금 깨어 있든지 자든지 자기와 함께 살게 하려 하셨느니라"(살전 5:10).

이러한 교훈은 베드로도 동일하게 제시한다. 그는 하나님이신 예수께서 육체로 세상에 오셔서 고난을 받으시고 죽으신 이유가 남은 여생 동안 하나님의 뜻을 따라 살게 하기 위함이라고 말한다.

"그리스도께서 이미 육체의 고난을 받으셨으니 너희도 같은 마음으로 갑옷을 삼으라 이는 육체의 고난을 받은 자는 죄를 그쳤음이니 그 후로는 다시 사람의 정욕을 따르지 않고 하나님의 뜻을 따라 육체의 남은 때를 살게 하려 함이라"(벧전 4:1,2).

"주 예수를 믿으라"

예수님을 영접하도록 결단을 촉구하거나, 믿으면 구원받는다고 약속한 성경구절들은 한결같이 예수님을 '구세주'로 믿으라고 하지 않고 '주'(主)로 믿으라고 말씀한다. 바울이 빌립보 감옥에 갇혔을 때 옥문이 열렸어도 도망가지 않았다.

이제는 더 이상
구멍이 숭숭 뚫린 복음을 전하지 말고
온전한 복음으로 수많은 영혼들을
구원으로 인도하는 일을
본격적으로 수행하자.

바울의 그러한 모습에 놀란 간수(옥을 지키는 사람)가 바울과 그 일행들에게 "선생들이여 내가 어떻게 하여야 구원을 받으리이까"(행 16:30)라고 질문했을 때 바울이 그 유명한 대답을 했다.

"**주 예수를 믿으라** 그리하면 너와 네 집이 구원을 받으리라"(행 16:31).

바울은 로마 교인들에게 보낸 편지에서도 이러한 주님 개념 중심의 믿음을 강조했다.

"네가 만일 네 입으로 **예수를 주로 시인하며** 또 하나님께서 그를 죽은 자 가운데서 살리신 것을 네 마음에 믿으면 구원을 받으리라 사람이 마음으로 믿어 의에 이르고 입으로 시인하여 구원에 이르느니라"(롬 10:9,10).

많은 문제점을 갖고 있던 고린도 교회의 문제를 해결하기 위해 쓴 편지인 고린도전서에서 바울은 오직 성령님으로만 예수님을 믿는 믿음의 고백을 할 수 있음을 강조하는 가운데 다음과 같이 예수님을 주님으로 고백하는 것을 일깨워준다.

"그러므로 내가 너희에게 알리노니 하나님의 영으로 말하는 자는 누구든지 예수를 저주할 자라 하지 아니하고 또 성령으로 아니하고는 누구든지 **예수를 주시라** 할 수 없느니라"(고전 12:3).

예수님의 수제자였던 베드로는 오순절 성령강림이 있었던 바로 그날 담대하게 뛰쳐나가 예수님의 부활을 증거했다. 그는 첫 번째 설교에서 이스라엘 사람들을 향해 거침없이 너희가 십자가에 못 박은 예수를 하나님이 주와 그리스도가 되게 하셨다고 선포했다.

"그런즉 이스라엘 온 집은 확실히 알지니 너희가 십자가에 못 박은 이 예수를 하나님이 **주와 그리스도가 되게** 하셨느니라 하니라"(행 2:36).

베드로는 그의 서신서에서 교인들에게 너희의 믿음의 이유를 물어오는 자들에게 대답할 말을 항상 준비하라고 권면했다. 그런데 이 말씀에서 그는 그리스도를 주로 삼으라고 말함으로써 믿음의 대상이신 예수님을 구세주 또는 구주가 아니라 주님이라고 밝혔다.

"너희 마음에 **그리스도를 주로 삼아** 거룩하게 하고 너희 속에 있는 소망에 관한 이유를 묻는 자에게는 대답할 것을 항상 준비하되 온유와 두려움으로 하고"(벧전 3:15).

마지막 구멍이 기워지다

복음의 첫 구멍이 죄 개념 가운데 있었음을 주목했다. 그 구멍은 하나님을 상대로 지은 죄로서 자신이 마귀와 동일하게 자신의 주인이 되어 살아가는 근원적인 죄를 제대로 인식하지 못하게 만드는 구멍이었다. 그리고 마지막 구멍이 바로 그 죄에 대한 구멍 때문에 생겨난 것으로서 예수님을 도덕적, 윤리적 죄악들을 용서해주신 구세주로만 이해하고 주님으로 받아들이지 않는 구멍이었다.

그러나 본 장에서 살펴본 바와 같이 예수님은 하나님이시고 주님으로서 우리를 위해 죽으시고 부활하셨다. 그렇게 우리의 모든 죄와 죄악들을 위해 대신 죽임을 당하시고 사흘 만에 부활하신 사건을 통해 그분이 하나님이심을 분명하게 증명하셨다. 따라서 예수님을 마음과 삶에 단순히 구세주로만 영접하는 것이 아니라 주님으로 영접함으로써 그 구멍이 메워짐을 확인했다.

이제는 더 이상 구멍이 숭숭 뚫린 복음을 전하지 말고 온전한 복음으로 수많은 영혼들을 구원으로 인도하는 일을 본격적으로 수행하자. 그동안 우리는 예수님을 구세주로 소개하는 복음을 전해왔다. 그러나 이제는 그분을 구세주와 주님으로 소개하고 그분을 구세주와 주님으로 고백함과 동시에 자신의 인생을 영원히 그분께 굴복하는 삶의 시작점을 통과할 수 있도록 이 구멍을 메운 완전한 복음으로 세상을 정복하자.

구멍들이 기워진 온전한 복음을 들은 사람들이 예수님을 믿기로 결심하면 예수님을 단순히 구세주로 영접하는 것이 아니라 주님으로 영접하는 데 초점을 맞춘 다음과 같은 영접기도문이 크게 도움이 될 것이다.

하나님, 저는 마귀와 똑같은 죄를 지어 제가 하나님의 자리에 올라 제 자신이 주인 되어 제 마음대로 살아온 죄인입니다. 이제 저는 예수님이 저의 죄 때문에 십자가에서 죽으신 사실을 부활하심으로써 증명해주셨음을 믿습니다. 저는 지금까지 제가 주인 되어 예수님을 믿지 않던 죄를 회개합니다. 예수님, 당신은 저의 죄를 위해 죽으신 구세주이시며 저의 주님, 저의 하나님이십니다. 제 마음과 삶 속에 주님을 영접합니다. 예수님의 이름으로 기도드립니다. 아멘.

구멍을 수선한 복음 메시지 모델

다음의 복음 메시지는 지금까지 우리가 주로 사용해온
기존의 복음 메시지에 생겨난 구멍을 모두 기운 완성된 모델이다.

창조주 하나님

1 하나님은 천지를 지으신 창조주이십니다. 창 1:1

2 하나님은 자신의 형상대로 인간을 창조하셨습니다. 창 1:27

범죄한 인간과 영원한 운명

3 당신은 죄인입니다. 롬 3:23

4 죄의 근원인 마귀는 '하나님과 같아지겠다'는 반역의 죄를 지었습니다. 겔 28:12-17; 사 14:12-15; 계 12:7-9,12

5 하늘나라에서 쫓겨난 마귀는 이 세상 임금이 되어 세상을 어둠의 나라로 만들었습니다. 눅 4:5,6; 요 16:11; 골 1:13

6 마귀는 인간을 유혹하여 인간이 마귀 자신과 동일한 죄를 짓게 했습니다. 창 3:5; 롬 1:28; 롬 5:12

7 그렇게 인간은 자기가 자신의 주인이 되었고 하나님과 원수가 되었습니다. 요 8:44; 롬 5:10

8 자신이 주인이 된 결과로 인간은 수많은 죄악을 범하고 살아갑니다. 롬 1:29-32

9 죄의 결과는 사망이며 그 후에는 심판이 있습니다. 롬 6:23; 히 9:27

10 그 심판의 결국은 불과 유황으로 타는 불못에 들어가는 것입니다.
계 21:8

하나님의 사랑, 십자가

11 하나님은 우리를 사랑하셔서 그 아들 예수님을 세상에 보내어 우리의 죄와 죄악들을 위해 십자가에 대신 죽게 하시고 부활시키셨습니다. 요 3:16; 히 9:12, 10:12,14

부활, 대속의 완전한 증거

12 예수님이 부활하신 사실은 그분이 하나님의 아들로서 우리를 위해 죽으신 사실을 확증하는 증거이며 모든 사람들이 믿을 만한 증거입니다. 행 17:30,31

13 그분은 성경에 예언된 대로 죽으시고 부활하셨습니다. 고전 15:3,4
- 구약의 예언들 사 9:6; 사 53:5,6; 시 16:10; 사 25:8; 요나의 표적 – 마 12:38-40
- 예수님의 증언 요 8:58; 막 10:45; 마 16:21
- 예수님의 성취 요 19:30, 20:1-9; 눅 24:44; 행 1:3

14 부활하신 후에야 제자들이 예수님을 주님으로 믿었습니다.
요 2:22, 20:26-28

15 제자들이 증거한 것은 예수님의 부활 사건이었습니다.
행 1:21,22, 2:32, 3:14,15

16 성경의 예언대로 부활하신 예수님은 하나님이십니다.

　　롬 1:4; 요 20:27,28

예수님을 믿지 않는 죄

17 성령이 말하는 죄는 예수님을 믿지 않는 죄입니다.

　　요 16:9 – 이중적인 죄

18 예수님을 믿지 않는 죄는 여전히 자기가 주인 된 죄입니다.

　　롬 14:9, 10:9

회개와 영접

19 예수님을 믿지 않는 죄를 회개해야 구원받습니다.

　　행 20:21, 2:36-38, 3:19

20 자기가 주인 된 죄를 회개하고 예수님을 주로 모심으로써 구원을 받습니다. 롬 10:9

21 예수님을 마음에 구세주와 주인으로 모셔들이십시오. 계 3:20

구원의 확신과 영원성

22 구원을 받았으며 영원히 보장되었습니다.

　　요 5:24, 1:12, 10:28,29; 계 3:20; 엡 2:8,9; 딛 3:5 등

복음과 교회

CHAPTER 6

복음과 교회

    지금까지 우리는 복음 메시지에 생긴 구멍들을 확인하고 그 구멍들을 깁는 노력을 해왔다. 그것은 마치 고기 잡는 그물에 생긴 구멍을 기움으로써 그물에 들어온 고기를 놓치지 않는 완전한 그물로 수리된 것과 같다.

    우리 자신이 주인 된 죄를 위해 죽으신 예수님의 십자가와 죽은 지 사흘 만에 부활하심으로써 그 십자가에 달리신 예수님이 바로 하나님 자신이심을 증명해주신 사실로 우리가 믿을 수 있는 확실한 증거를 하나님께서 제시해주셨다. 우리는 복음을 믿고 자신이 주인 된 죄를 회개하고 부활하신 예수님을 하나님으로, 주님으로 영접함으로써 모든 죄와 죄악들을 완전히 그리고 영원히 사함받았다.

    이렇게 그분을 주님으로 영접함으로써 삶의 주인이 영원히 바뀐 그리스도인은 더 이상 자신이 주인 된 삶을 살지 않고 오로지 예수님이 주인이 되신 삶 속으로 들어간 것이다. 그런데 이 믿음의 출발을 했음에도 불구하고 적지 않은 그리스도인들이 여전히 자신이 주인이 되어 살고 있기 때문에 영적으로 성장하지 못하고 계속 또 다른 어떤 은혜를 구하는 상태에 빠져 있는 모습을 볼 수 있다. 이제부터 차츰차츰 영적으로 성장함으로써 점차적으로 믿음의 깊은 경지로 나아간다고 생각하면서 말이다.

그러나 십자가에서 죽으시고 부활하신 예수님을 주님으로 믿는 믿음은 즉각적으로 엄청난 신분상의 변화를 가져왔다는 사실을 이해하고 믿게 되면 예수님을 믿음으로 영접한 그 시간으로부터 삶이 변하기 시작한다.

예수님을 주님으로 모신 그리스도인들의 삶을 놀랍게 변화시키는 일에 있어서 결정적인 또 다른 요소가 바로 교회이다. 그리스도의 몸으로서 유기적 생명체인 교회와 그 몸을 이루는 각 지체들의 생명의 관계는 서로가 동시에 성장하고 세워지는 결정적 요소이다. 또 다른 의미에서 교회는 하나님의 가족이다. 개인이 가족 공동체 속에 태어나듯이 각 지체가 하늘 가족 공동체인 교회의 일원으로 태어난 것이다. 따라서 가족 공동체인 교회를 떠나서 정상적인 성장을 기대하는 것은 불가능하다.

자기가 주인 된 삶을 회개하고 부활하신 예수님을 주님으로,

하나님으로 믿는 믿음이 가져다준 신분상의 변화는 무엇인가? 그리고 교회 속에서 각자가 누리는 생명력은 무엇인가? 이 엄청나고 놀라운 근원적인 변화를 하나씩 살펴보기로 하자.

하나님의 자녀가 되었다

예수님을 주님으로 모신 자들의 신분상의 급격한 변화는 마귀의 종이요, 마귀의 자식이었던 상태에서 하나님의 자녀로 다시 태어났다는 점이다. 하나님과 원수 된 마귀의 자식은 하나님의 저주거리에 불과했는데 예수님을 주님으로 영접함으로써 하나님의 자녀가 되어 영원히 그분의 사랑과 돌보심을 받는 소중한 존재가 되었다.

"영접하는 자 곧 그 이름을 믿는 자들에게는 하나님의 자녀가 되는 권세를 주셨으니"(요 1:12).

이 얼마나 놀라운 신분상의 변화인가?

부활하신 예수님을 주님으로 믿는 자들이 하나님의 자녀가 되었다는 사실을 성령 하나님께서 친히 증거해주신다.

"성령이 친히 우리의 영과 더불어 우리가 하나님의 자녀인 것을 증언하시나니"(롬 8:16).

본문은 이어서 하나님의 자녀가 되었기 때문에 그리스도와 함께 한 하나님의 상속자가 되었음을 천명해주었다.

"자녀이면 또한 상속자 곧 하나님의 상속자요 그리스도와 함께 한 상속자니…"(롬 8:17).

하나님의 돌보심을 받는 자가 되었다

하나님의 자녀가 된 사실은 이제부터는 실제적으로 하나님의 각별한 관심과 돌보심을 받는 자가 되었음을 의미한다. 베드로는 "너희 염려를 다 주께 맡기라 이는 그가 너희를 돌보심이라" 라고 권고한다(벧전 5:7). 이 말씀에 따르면 주님께서 친히 그분의 자녀들을 돌보고 계신다. 그렇기 때문에 하나님의 자녀들은 염려할 것이 없으며 혹 염려거리가 생기더라도 즉각적으로 주님께 맡겨드리면 주님이 해결해주신다. 바울도 이에 관하여 "우리가 알거니와 하나님을 사랑하는 자 곧 그의 뜻대로 부르심을 입은 자들에게는 모든 것이 합력하여 선을 이루느니라"(롬 8:28) 라고 말하고 있다.

어떠한 절망적인 상황 속에서도 하나님의 자녀들은 그 모든 어려움들을 오히려 복을 받는 통로로 반전시켜주시는 하나님의 은혜 가운데 살아가는 자들이 된 것이다. 심지어 사탄의 최종병기인 죽음까지도 주님의 사랑을 받는 자들에게는 천국으로 들어가는 입구로 변한다. 그렇기 때문에 예수님의 십자가와 부활을 믿는 자들은 하나님의 자녀라는 신분의식 가운데 세상 속에서 당당하게 살 수 있으며 모든 상황과 환경 속에서도, 어떠한 역경과 핍박 속에서도 돌보시는 하나님을 의지하여 오뚝이처럼 다시 일어서서 담대하게 살 수 있다.

하나님의 자녀가 된 사실은 이제부터는 하나님 아버지께 무엇이든지 구하는 기도를 응답받는 복된 자리에 있게 되었음을 의미한다. 예수님은 이에 대하여 우리가 자녀로서 기도하면 들으시고 응답하신다고 확약해주셨다.

> 너는 기도할 때에 네 골방에 들어가 문을 닫고 은밀한 중에 계신 **네 아버지께** 기도하라 은밀한 중에 보시는 **네 아버지께서** 갚으시리라… 그러므로 그들을 본받지 말라 구하기 전에 너희에게 있어야 할 것을 하나님 **너희 아버지께서** 아시느니라 마 6:6,8

마태복음 5장부터 7장까지를 산상수훈이라고 말한다. 여기에서 예수님은 하나님 아버지를 믿고 그분의 자녀가 된 자들이 이 세상에서 어떻게 살아야 하는지를 교훈하셨다. 그 가운데서 계속 강조하며 말씀하신 것은 아버지께서 자녀들을 소중히 여기시고 돌보시며 모든 필요를 다 아신다는 사실이다.

공중의 새를 보라 심지도 않고 거두지도 않고 창고에 모아들이지도 아니하되 **너희 하늘 아버지께서** 기르시나니 너희는 이것들보다 귀하지 아니하냐 마 6:26

이는 다 이방인들이 구하는 것이라 **너희 하늘 아버지께서** 이 모든 것이 너희에게 있어야 할 줄을 아시느니라 마 6:32

하나님의 자녀들에 대한 아버지의 사랑과 관심은 7장에서도 이어진다.

구하라 그리하면 너희에게 주실 것이요 찾으라 그리하면 찾아낼 것이요 문을 두드리라 그리하면 너희에게 열릴 것이니… 너희가 악한 자라도 좋은 것으로 자식에게 줄 줄 알거든 하물며 **하늘에 계신 너희 아버지께서** 구하는 자에게 좋은 것으로 주시지 않겠느냐 마 7:7,11

예수님과 영원히 연합한 자가 되었다

　하나님의 자녀가 되었다는 사실이 가져다주는 복된 신분에 관하여 성경은 또 다른 표현으로 말해준다. 예수님의 부활의 표적을 통해 십자가에 달려 죽으신 분이 하나님이시기에 그분을 하나님으로, 주님으로 믿고 영접한 사람들은 예수님과 영원히 연합된 존재들이 되었다는 것이다.

　예수님을 주님으로 모신 사람들이 단순히 천국에 가는 확증을 받은 것만이 아니라 영원히 예수님과 한 몸으로 연합되었다. 사도 바울은 이러한 사실을 로마서 6장에서 침례의 의미를 설명하는 가운데 그리스도인들이 예수님의 죽으심과 합하여 함께 죽어 장사된 자가 되었다고 설명한다.

　무릇 그리스도 예수와 합하여 세례를 받은 우리는 그의 죽으심과 합하여 세례를 받은 줄을 알지 못하느냐 그러므로 우리가 그의 죽으심과 합하여 세례를 받음으로 그와 함께 장사되었나니 이는 아버지의 영광으로 말미암아 그리스도를 죽은 자 가운데서 살리심과 같이 우리로 또한 새 생명 가운데서 행하게 하려 함이라 롬 6:3,4

　바울은 이어서 그리스도인들은 그분의 부활과 연합하여 함께 하나님을 향하여 살아난 자가 되었음을 선포한다.

만일 우리가 그의 죽으심과 같은 모양으로 연합한 자가 되었으면 또한 그의 부활과 같은 모양으로 연합한 자도 되리라 우리가 알거니와 우리의 옛 사람이 예수와 함께 십자가에 못 박힌 것은 죄의 몸이 죽어 다시는 우리가 죄에게 종노릇하지 아니하려 함이니 이는 죽은 자가 죄에서 벗어나 의롭다 하심을 얻었음이라 만일 우리가 그리스도와 함께 죽었으면 또한 그와 함께 살 줄을 믿노니 이는 그리스도께서 죽은 자 가운데서 살아나셨으매 다시 죽지 아니하시고 사망이 다시 그를 주장하지 못할 줄을 앎이로라
롬 6:5-9

그리스도와 연합한 상태를 사도 바울은 참감람나무에 접붙임받은 것으로도 설명해주었다.

"또한 가지 얼마가 꺾이었는데 돌감람나무인 네가 그들 중에 접붙임이 되어 참감람나무 뿌리의 진액을 함께 받는 자가 되었은즉"(롬 11:17).

바울은 돌감람나무였던 이방인들이 이스라엘을 상징하는 참감람나무에 접붙임을 받았다고 설명하고 있다. 나무에 접붙임받는다는 것은 접붙임을 받은 돌감람나무 가지가 참감람나무

로부터 진액을 공급받음으로써 참감람나무 열매를 맺게 되는 것이다.

이와 같이 예수님을 주님으로 모신 자들은 예수님으로부터 그분의 모든 풍성함을 공급받아 누리는 자가 되었고 그러한 열매를 맺는 것이 자연스러운 일이 되었음을 의미한다. 그리스도인은 그분의 자녀로서 그분께 영원히 접붙인 자가 되어 그분의 모든 풍성한 진액을 공급받는 자가 되었음을 당당히 믿음으로 선포하고 누릴 수 있다.

그리스도와 함께 하늘에 앉힌 자가 되었다

하나님의 자녀에 대한 특별한 대우는 믿는 자들을 예수님과 함께 하늘에 앉히셨다는 말씀 속에서 절정을 이룬다. 바울은 에베소서 2장에서 원래는 죄와 허물 때문에 죽어 있었고 마귀를 따라 본질상 하나님의 진노의 자녀였던 우리를 긍휼에 풍성하신 하나님이 그리스도로 말미암아 살리셨다고 말하면서 우리를 예수 안에서 함께 하늘에 앉히셨다고 알려준다.

긍휼이 풍성하신 하나님이 우리를 사랑하신 그 큰 사랑을 인하여 허물로 죽은 우리를 그리스도와 함께 살리셨고 (너희는 은혜로 구원을 받은 것이라) 또 함께 일으키사 그리스도 예수 안에서 함께 하늘에 앉히시니 엡 2:4-6

이 얼마나 놀라운 복인가! 하나님의 저주를 받아 마땅한 우리를 그리스도와 연합한 자로서 그분이 누리는 하늘의 복을 함께 누리게 하셨다! 이러한 복된 자리에 이미 앉히셨기에 사도 바울은 우리가 하늘의 모든 신령한 복을 받은 자임을 선언해준다. "찬송하리로다 하나님 곧 우리 주 예수 그리스도의 아버지께서 그리스도 안에서 하늘에 속한 모든 신령한 복을 우리에게 주시되"(엡 1:3).

모든 것을 가진 자가 되었다

하나님의 자녀가 되고 하늘에 속한 모든 신령한 복을 받은 자로서 그리스도 예수 안에서 함께 하늘에 앉은 자가 된 그리스도인들은 그분이 가진 모든 것을 함께 가진 자가 되었다. 겉으로 볼 때 볼품이 없어 보이고, 당장은 손에 아무것도 가진 것이 없어 보이지만 영원히 그분과 연합되었기에 모든 것을 가진 자가 된 것이다. 이에 관하여 사도 바울은 다음과 같이 명쾌하게 선언한다.

영광과 욕됨으로 그러했으며 악한 이름과 아름다운 이름으로 그러했느니라 우리는 속이는 자 같으나 참되고 무명한 자 같으나 유명한 자요 죽은 자 같으나 보라 우리가 살아 있고 징계를 받는 자 같으나 죽임을 당하지 아니하고 근심하는 자 같으나 항상 기뻐하고 가난한 자 같으나 많은 사람을 부요하게 하고 아무것도 없는 자 같으나 모든 것을 가진 자로다 고후 6:8-10

이러한 장쾌한 신앙고백을 할 수 있었던 사도 바울의 처지는 어떠했는가? 그는 같은 편지 뒷부분에서 그가 자신이 믿고 섬기는 주님 때문에 겪은 이루 말할 수 없는 환란과 핍박을 소상하게 토로했다.

그는 수고를 넘치도록 했고, 옥에 갇히며, 유대인에게서 39대의 매를 다섯 번 맞았으며, 세 번 태장으로 맞고, 한 번 돌에 맞았으며, 세 번 파선하고, 밤낮 하루 동안 깊은 바다에서 지냈으며, 여러 차례의 여행에서 시내와 강과 강도와 거짓 형제의 위험을 당했고, 동족과 이방인으로부터 위험을 당했으며, 애쓰고 여러 번 자지 못했으며, 주리고 목마르며, 여러 번 굶고, 춥고, 헐

벗었다고 말한다(고후 11:23-27).

이토록 험한 일들을 당했음에도 불구하고 그가 그 모든 어려움을 견딜 수 있었던 것은 예수님과의 연합으로 인하여 모든 것을 가진 자로서의 넉넉함이 있었기 때문이다.

하늘 가족인 교회 공동체를 주셨다

부활하신 예수님을 주님으로 영접하여 하나님의 자녀가 된 자들은 모두가 예수님과 연합한 자로서의 특별한 신분으로 변화된 사람들이다. 이렇게 예수님과 영원히 연합되어 하나가 된 사람들이 모여 영적 공동체를 이룬 것이 교회다.

이 교회에 대한 하나님의 계획은 창세전으로까지 거슬러 올라간다. 사도 바울은 교회에 대한 하나님의 예정하심을 깨닫고 매우 흥분했다. 에베소서에서 바울은 이에 대해 다음과 같이 말한다.

"곧 창세전에 그리스도 안에서 우리를 택하사 우리로 사랑 안에서 그 앞에 거룩하고 흠이 없게 하시려고 그 기쁘신 뜻대로 우리를 예정하사 예수 그리스도로 말미암아 자기의 아들들이 되게 하셨으니"(엡 1:4,5).

바울은 교회에 대한 언급을 계속한다.

"너희는 사도들과 선지자들의 터 위에 세우심을 입은 자라 그리스도 예수께서 친히 모퉁잇돌이 되셨느니라 그의 안에서 건물마다 서로 연결하여 주 안에서 성전이 되어가고 너희도 성령 안에서 하나님이 거하실 처소가 되기 위하여 그리스도 예수 안에서 함께 지어져가느니라"(엡 2:20-22).

여기에서 바울은 교회로서 그리스도인들이 하나님이 거하실 처소가 되기 위해 함께 지어져간다고 말함으로써 교회가 하나님께서 친히 거하시는 장소임을 알려준다.

교회에 대한 바울의 설명은 3장에서 절정을 이룬다. 그는 자신이 그리스도의 비밀을 깨달았음을 선언하면서 그 비밀, 곧 교회에 대한 하나님의 비밀은 이전 세대에는 알리지 않으셨던 것으로 성령을 통해 이제는 사도들과 선지자들에게 알려주신 것이라고 설명한다.

"그것을 읽으면 내가 그리스도의 비밀을 깨달은 것을 너희가 알 수 있으리라 이제 그의 거룩한 사도들과 선지자들에게 성령으로 나타내신 것같이 다른 세대에서는 사람의 아들들에게 알리지 아니하셨으니"(엡 3:4,5).

바울은 하나님의 비밀인 교회에 관하여 계속해서 다음과 같이 기록한다.

"이는 이방인들이 복음으로 말미암아 그리스도 예수 안에서 함께 상속자가 되고 함께 지체가 되고 함께 약속에 참여하는 자가 됨이라"(엡 3:6).

예수 그리스도 안에서 그분의 몸에 속한 지체가 되어 교회를 이루고 있는 모습을 확연하게 제시해준다. 이어서 바울은 자신이 바로 이 복음을 위해, 교회를 위해 하나님의 일꾼이 되었으며 복음을 이방인에게 전하고 영원부터 만물을 창조하신 하나님 속에 감추어졌던 비밀의 경륜을 드러내는 일을 한다고 말한다 (엡 3:7-9).

이러한 설명을 제시한 바울은 그 비밀이 곧 교회를 통해 하늘에 있는 통치자들과 권세들에게 겹겹이 접혀진 하나님의 각종 지혜를 알게 하셨는데 이것은 영원부터 그분이 예정하신 뜻대로 하신 일이라고 선포한다(엡 3:10,11).

영적 성장의 결정적 통로인 교회

그리스도의 몸인 교회 공동체에 속한 지체가 되었다는 말은 그 공동체에 붙어 있음으로써 영적인 생명을 공급받고 성장하는 존재가 되었음을 의미한다. 마치 개미나 벌이 그들의 공동체에 속해 있음으로써 개체들이 성장하고 생존할 수 있으며 동시에 그 공동체를 계속 유지시켜나가는 것처럼 말이다. 이러한 사실은 교회가 그 실체를 역사의 지평 위에 드러낸 초대교회 시대 때부터 분명하게 드러났다.

예루살렘 교회는 처음부터 120명의 공동체로 태어났고 그 숫자가 늘어날수록 날마다 각 집에서 모여 '사도의 가르침을 받아 서로 교제하고 떡을 떼며 오로지 기도하기를 힘썼다'(행 2:42). 그들은 함께 성령으로 충만해졌으며, 한마음과 한뜻이 되어 모든 물건을 함께 나누어 쓰는 공동체가 되었다(행 4:23-37). 아무도, 조금이라도 자기 재물을 자기 것이라고 하는 자가 없었다.

교회는 하나님께서 자기 피로 사신 것이다. 하나님의 궁극적 창조 목적이 바로 교회를 세우는 것이기 때문이다. 사도 바울은 에베소 장로들과의 고별 메시지에서 이러한 사실을 분명하게 밝혔다.

"하나님이 자기 피로 사신 교회를 보살피게 하셨느니라"(행 20:28).

교회는 하나님의 아들이시며 하나님 자신이신 예수님의 생명을 대가로 지불하고 세우신 것이다. 따라서 교회에 속하는 일은 개인의 입장에서는 엄청난 복이며 하나님의 입장에서는 창세 전부터 예정하신 일이 이루어지는 놀라운 사건이다. 그리고 그러한 주님의 몸에 속한 지체들에 대한 하나님의 관심은 참으로 지대하고 구체적이며 극진하다. 이러한 사실은 그리스도인이면 누구나 교회에 속한 지체가 됨과 동시에 하나님의 특별한 주목을 받는 자가 되었으며 하나님의 돌보심을 받는 자가 되었음을 의미한다.

생명체로서의 교회

교회 공동체는 자기가 주인 된 삶을 회개하고 예수님을 주인으로 모신 사람들이 함께 모여 그분 앞에 굴복한 삶을 서로 나누며 교제하는 모임이다. 따라서 교회는 반드시 각 교인이 부활하신 예수님이 하나님이시며 그 하나님이 우리를 위해 대신 십자가에서 죽으셨다는 사실을 고백함으로써 신앙의 근본을 알고 영적으로 한 몸으로 받아들여져야 한다.

교회를 몸으로 비유할 때 각 지체는 머리이신 그리스도와 맺어진 생명의 관계를 통해 각 지체들과도 영적으로 연결되는 것이다. 환언하면, 비록 예수님을 주님으로 믿는 믿음을 가졌다 할지라도 그러한 믿음이 공동체 속에서 고백되지 않으면 다른 교인들과의 영적인 생명력의 관계를 확인할 길이 없다.

예수님을 주님으로 모신 신앙의 고백은 주님의 몸 된 교회의 지체가 됨을 모두가 인지하고 기쁨으로 하나님의 가족으로 받아들이게 해주는 출발점이다. 그리고 이어서 지속적으로 교회의 지체들과의 관계 속에서 자신과 주님과의 사랑의 관계를 서로 고백하는 일을 필요로 한다. 그러한 고백을 주고받은 관계가 그리스도인의 영적 교제(코이노니아)인 것이다.

이러한 코이노니아가 역동적으로 이루어지는 교회 공동체는 구성원 각자를 영적으로 날마다 새롭게 해주며 격려와 용기를 불어넣고 살아 역사하시는 주님을 체험할 수 있게 해주는 교제의 현장이 된다. 하나님은 예수님을 주님으로 모신 사람이 혼자 스스로 노력하여 영적으로 성장하도록 만들지 않으셨다. 그분의 몸인 교회 속에서 성장하도록 계획하셨다. 따라서 그리스도인에게 교회란 그의 성장과 발전을 위해 결정적으로 중요한 요소이다.

부활하신 예수님을 주님으로, 하나님으로 고백한 사람들은 창세전부터 하나님께서 계획하신 교회의 지체가 되었고 교회를 통해 영적으로 건강하게 성장하며 하나님의 자녀로서의 풍성한 삶을 누리게 된다. 주님은 자신의 핏값으로 사신 교회의 구성원들을 고아와 같이 버려두지 않으시고 교회에 붙어 있는 지체가 되게 하시며 하늘나라의 상속자로서 당당히 세우시고 살아가게 하신다.

복음을 전하는 방법은 한 영혼을 구하는 일에 일차적인 관심
이 될 수 없다. 가장 중요한 것은 무엇을 전하는가, 복음의 내
용 그 자체이다. 아무리 탁월한 방법으로 전한다 할지라도 복
음의 내용을 온전히 담지 못했다고 생각해보라. 그러나 전하는
방법은 비록 조잡하거나 대단하지는 못해도 복음의 내용이 정
확하고 바른 것이라면 큰 문제가 될 것이 없다.

예수께서는 베드로와 안드레를 부르실 때 그들이 그물 던지
는 것을 보고 부르셨다. 그런데 야고보와 요한을 만나셨을 때
는 그들이 배에서 그물을 깁는 모습을 보고 부르셨다(막 1:16-
20). 물고기를 잡는 어부들에게 그물은 매우 중요한 도구이다.
그런데 그 그물에 구멍이 났다면 고기를 제대로 잡을 수 없음은
물론이고 모처럼 그물 속에 들어온 고기들조차 그 구멍으로 빠

져나가버리고 만다.

　본서에서 나는 우리가 그토록 일생을 걸고 열심히 던지는 복음 메시지라는 그물에 구멍이 숭숭 났다고 지적하고 그 구멍들을 깁는 일을 시도했다. 그리고 지난 수년 동안 신학생들과 교인들을 통해 온전한 복음의 그물로 영혼을 구하도록 전도 실습을 훈련했다. 그 결과 수많은 영혼들이 주님께로 돌아오는 것을 볼 수 있었다. 남태평양 피지에 우리 교회 교인들이 이 구멍을 기운 복음을 전했을 때 무슬림 가족 세 명이 예수님을 구주와 주님으로 영접하고 그다음 주일부터 교회에 출석하기 시작하는 일이 일어났다.

　내가 가르친 한 남학생은 이 기워진 복음 메시지를 자신의 설명을 곁들여 새롭게 서술한 전도지를 만들었다. 전도지를 만들어놓고 아직 한 번도 전도해보지 못한 상황에서 그의 어머니가 전도를 나가면서 전도사인 아들이 방금 전에 완성한 전도지를 가지고 나갔다.

　일주일 후, 그 동네의 한 미용사가 그 신학생에게 전화를 걸었다. 그녀는 지난주에 전도사님의 어머니로부터 복음을 소개받고 예수님을 믿게 된 사람이라며 자신을 소개했다. 그리고 지난 한 주 동안 곰곰이 생각해보니 자신이 듣고 믿은 이 복음은 자신만 믿을 것이 아니라 보다 많은 사람들이 들어야 할 말씀이라고 생각되어 농촌 마을을 다니며 무료 이발을 하면서 복음을 전하려 하니 교회 승합차 운전을 부탁한다고 말했다. 그 신학생은 담임목사에게 허락을 받고 그다음 주부터 운전을 하며 복음을 전하는 일에 동참하게 되었다. 그렇게 새롭게 예수님을 영접한 사람에 의해 시작된 전도는 두 달간 주말마다 계속되었고 무려 170명의 사람들에게 복음을 전하는 열매로 나타났다.

오늘날은 대부분의 사람들이 복음을 잘 들으려 하지 않고, 들어도 잘 믿지 않는다고들 한다. 그것은 새빨간 거짓말이다. 복음의 나팔을 악보에 따라 정확히 불면 사람들은 그 곡이 무슨 곡인지 알아듣고 믿음으로 반응을 보인다.

문제는 길게 불어야 할 음을 짧게 불고, 짧게 불어야 할 음을 길게 불고, 고음을 불어야 하는 것을 저음으로 불고, 저음으로 불어야 할 음을 고음으로 불기 때문에 비록 연주하는 사람은 땀을 뻘뻘 흘리며 열심히 나팔을 불어도 듣는 사람들은 그것이 무슨 곡인지 알 수 없는 결과를 가져온다.

자신이 왜 죄인인지, 십자가의 보혈이 어떻게 우리의 모든 죄를 사해주는 능력이 있는지, 부활이 어떻게 그분이 하나님으로서 죽으신 사실을 확증해주는지, 우리를 영원히 멸망받게 하는 근본 죄를 어떻게 회개하는지, 그리고 어떻게 예수님을 구세주만으로가 아니라 주님으로 영접하는지를 명확하게 알고 복음을 믿도록 사람들을 정확히 인도할 수 있어야 한다.

나는 이 구멍들을 기운 복음 메시지가 전 세계의 모든 그리스도인들에게 소개되어 당당하게 복음의 증인으로서의 역할을 감당하게 되는 것이 필요하다는 부담감으로 이 책을 썼다. 신학생들과 목회자들은 물론이고 모든 그리스도인들이 십자가와 부활의 복음으로 무장하여 세상을 주님께로 굴복시키고 그분의 통치 가운데로 들어올 수 있는 날이 속히 임하기를 소망한다.

60년도 더 되는 세월을 거쳐 복음 메시지를 깁는 일을 해낼 수 있도록 많은 도움과 영향을 끼친 분들께 진심으로 감사드린다. 지금은 고인이 되신 네비게이토선교회의 최광수 목사님, 역시 지금은 하늘 아버지의 품에 계시는 여의도침례교회의 한기만 목사님, 그리고 필자가 오랫동안 찾아온 복음의 능력에 대한 의문을 말끔히 해결하는 데 결정적 도움을 주신 춘천한마음교회의 김성로 목사님께 한없는 감사와 사랑을 전한다.

주님이 다시 오실 날이 임박한 이 세대에 이 구멍들이 기워진 복음 메시지로 복음의 한류(韓流)가 세계로 퍼져나가 다시 한 번 세계를 복음으로 돌아오게 하는 놀라운 날을 꿈꾸어본다.

구멍 난 복음을 기워라

초판 1쇄 발행   2016년 2월 29일
초판 15쇄 발행   2025년 4월 28일

지은이   박영철

펴낸이   여진구
편집   이영주 박소영 최현수 구주은 안수경 김도연 김아진 정아혜
책임디자인   마영애 노지현 조은혜 정은혜
홍보·외서   진효지
마케팅   김상순 강성민   마케팅지원   최영배 정나영
제작   조영석 허병용   경영지원   김혜경 김경희

303비전성경암송학교 유니게 과정
이슬비전도학교 / 303비전성경암송학교 / 303비전꿈나무장학회

펴낸곳   규장

주소   06770 서울시 서초구 매헌로 16길 20(양재2동) 규장선교센터
전화   02)578-0003   팩스   02)578-7332
이메일   kyujang0691@gmail.com   홈페이지   www.kyujang.com
페이스북   facebook.com/kyujangbook   인스타그램   instagram.com/kyujang_com
카카오스토리   story.kakao.com/kyujangbook
등록번호 1922-2461
since 1978.08.14

ⓒ 저자와의 협약 아래 인지는 생략되었습니다.
이 출판물은 저작권법에 의해 보호를 받는 저작물이므로 무단 전재와 무단 복제를 할 수 없습니다.

책값   뒤표지에 있습니다.
ISBN   978-89-6097-441-8   03230

규 | 장 | 수 | 칙

1. 기도로 기획하고 기도로 제작한다.
2. 오직 그리스도의 성품을 사모하는 독자가 원하고 필요로 하는 책만을 출판한다.
3. 한 활자 한 문장에 온 정성을 쏟는다.
4. 성실과 정확을 생명으로 삼고 일한다.
5. 긍정적이며 적극적인 신앙과 신행일치에의 안내자의 사명을 다한다.
6. 충고와 조언을 항상 감사로 경청한다.
7. 지상목표는 문서선교에 있다.

하나님을 사랑하는 자 곧 그의 뜻대로 부르심을 입은 자들에게는 모든 것이 合力하여 善을 이루느니라(롬 8:28)

규장은 문서를 통해 복음전파와 신앙교육에 주력하는 국제적 출판사들의 협의체인 복음주의출판협회(E.C.P.A:Evangelical Christian Publishers Association)의 출판정신에 동참하는 회원(Associate Member)입니다.

_____님께

사랑을 가득 담아 드립니다.

사랑의 교향곡

사랑의 교향곡

지은이 · 하용조
초판 발행 · 2015. 12. 21

등록번호 · 제1988-000080호
등록된 곳 · 서울특별시 용산구 서빙고로65길 38
발행처 · 사단법인 두란노서원
영업부 · 2078-3352   FAX 080-749-3705
출판부 · 2078-3331

편집부에서 독자의 의견을 기다립니다.
tpress@duranno.com   http://www.duranno.com

두란노서원은 바울 사도가 3차 전도여행 때 에베소에서 성령 받은 제자들을 따로 세워 하나님의 말씀으로 양육하던 장소
입니다. 사도행전 19장 8-20절의 정신에 따라 첫째 목회자를 돕는 사역과 평신도를 훈련시키는 사역, 둘째 세계선교(TIM)
와 문서선교(단행본 · 잡지) 사역, 셋째 예수문화 및 경배와 찬양 사역, 그리고 가정 · 상담 사역 등을 감당하고 있습니다.
1980년 12월 22일에 창립된 두란노서원은 주님 오실 때까지 이 사역들을 계속할 것입니다.

부족함 없는 기쁨의 하모니

사랑의
교향곡

하용조 지음

두란노

symphony
of
love

contents

사랑

내가 사람의 방언과 천사의 말을 할지라도
사랑이 없으면 소리 나는 구리와 울리는 꽹과리가 되고
내가 예언하는 능력이 있어 모든 비밀과 모든 지식을 알고 또
산을 옮길 만한 모든 믿음이 있을지라도
사랑이 없으면 내가 아무것도 아니요
내가 내게 있는 모든 것으로 구제하고 또 내 몸을 불사르게
내줄지라도 사랑이 없으면 내게 아무 유익이 없느니라

사랑은 오래 참고 사랑은 온유하며 시기하지 아니하며
사랑은 자랑하지 아니하며 교만하지 아니하며
무례히 행하지 아니하며 자기의 유익을 구하지 아니하며
성내지 아니하며 악한 것을 생각하지 아니하며
불의를 기뻐하지 아니하며 진리와 함께 기뻐하고
모든 것을 참으며 모든 것을 믿으며 모든 것을 바라며
모든 것을 견디느니라

사랑은 언제까지나 떨어지지 아니하되
예언도 폐하고 방언도 그치고 지식도 폐하리라
우리는 부분적으로 알고 부분적으로 예언하니
온전한 것이 올 때에는 부분적으로 하던 것이 폐하리라

내가 어렸을 때에는 말하는 것이 어린아이와 같고
깨닫는 것이 어린아이와 같고 생각하는 것이 어린아이와 같다가
장성한 사람이 되어서는 어린아이의 일을 버렸노라
우리가 지금은 거울로 보는 것같이 희미하나
그때에는 얼굴과 얼굴을 대하여 볼 것이요
지금은 내가 부분적으로 아나
그때에는 주께서 나를 아신 것같이 내가 온전히 알리라

그런즉 믿음, 소망, 사랑, 이 세 가지는 항상 있을 것인데
그중의 제일은 사랑이라
고린도전서 13장

chapter 1

모든 것의 기초는
사랑입니다

고린도전서 13장을 보면 하나님이나 예수님이라는 말은 나오지 않습니다. 그러나 이만큼 하나님과 예수님의 사랑을 잘 보여 주는 말씀도 없습니다. 이 말씀은 사랑의 기준, 사랑의 방향, 사랑의 목표를 우리에게 가르쳐 줍니다. 다들 잘 아는 말씀이지만, 저는 이 말씀을 다시 붙들고 사랑에 대한 일곱 가지 메시지를 전하려고 합니다.

잘 알면 잘 잊기도 하지요. 입으론 줄줄 외우면서도 마음으론 뜻을 잊는 경우가 있습니다. 정말로 놀랍고 대단한 내용이지만, 일상적으로 접하다 보면 소중한 뜻을 놓쳐 버리기 십상입니다.

대개 사랑이라고 하면 관용, 한없이 자비롭고 풍성한 것, 은혜로운 마음을 떠올립니다. 그래서 사랑을 베푸는 사람, 사랑의 지도자들을 성자처럼 바라봅니다. 그러면서 자신은 절대로 저렇게 할 수 없노라고 생각합니다. 하지만 이것은 잘못입니다.

러브소나타

일본인들에게 복음을 전하는 문화전도집회 '러브소나타'를 계속 섬기면서 제 마음속에 끊임없이 떠오르는 질문이 있었습니다. '한국 사람은 과연 일본 사람을 사랑할 수 있을까?'

또 일본 사람들을 만난 후로는 이런 생각도 들었습니다. '일본 사람은 과연 한국 사람을 사랑할 수 있을까?'

지난 역사뿐 아니라 최근의 여러 사건을 접하면서 더욱 자문하게 되었습니다. 그러다 얼마 전, 말씀을 듣고 눈물 흘리는 일본 분들을 보고서 의구심을 풀었습니다. 그들의 진심이 순간 강하게 전해졌던 것입니다. 특히 요코하마에서 개최된 여덟 번째 '러브소나타' 때부터 무언가 달라졌던 것 같습니다. 일본의 성도들의 주춤대던 태도가 자유로워지고, 마음을 활짝

열기 시작했습니다. 그전까지는 소극적으로 바라보던 분들이 발을 동동 구르고, 눈물을 흘리며, 줄을 서서 예배에 참여했습니다. 진심이요, 진짜라는 느낌이 강하게 전해졌습니다. 흘러넘치는 은혜와 사랑의 파동이 주위를 감싸는 듯했습니다.

그때 깨달았습니다. 세상에서 결코 경험할 수 없는 사랑을 우리 크리스천은 경험할 수 있다고. 그것은 진짜 우정, 진짜 사랑, 진정한 관계입니다. 하나님의 은혜를 받고 성령님의 인도를 받으면 그 독특한 영적인 사랑을 체험하지 않을 수 없습니다.

우리 민족에게는 너무 많은 상처가 있습니다. 역사적 관점으로 보면 일본을 정말 사랑하는 것이 불가능해 보입니다. 열심히 사랑하다가도 '이 사랑이 얼마나 갈까?'하는 생각이 들곤 합니다. 하지만 하나님의 관점으로 보면 그 상처는 아무것도 아닙니다. 우리에게 상처가 있지만, 하나님 안에서 우리와 일본은 영원히 함께 사랑하며 살 수 있다고 생각합니다.

예수님 안에 있기만 하면, 성령님 안에 있기만 하면 가능한 일입니다. 예수님을 만나면 완전히 엉뚱해 보일 정도로 변신해 사랑의 사람이 됩니다. 그래서 예수님을 꼭 붙잡기만 하면, 과거의 상처나 역사의 굴곡을 넘어 일본인들을 사랑할 수 있다고 말했던 것입니다. 저로선 일본에 가서 목회하고 싶어질 정도로 애정이 생겼습니다. 평소의 마음이 아니라, 성령님이 함께하시므로 이런 마음까지 품도록 하셨습니다.

비단 일본 사람만이 아닙니다. 내 주변 사람, 내 가족, 내 친구에 대해서도 마찬가지입니다. 요즘에는 가족, 특히 부모와 자녀에 대해 두려움을 지닌 분들을 자주 만나게 됩니다. 도저히 극복할 수 없고, 용서할 수 없다고 절망하는 분들도 적지 않습니다.

내 힘으로는 할 수 없는 일입니다. 그러나 예수님이

함께하시면 사랑할 수 있습니다. 너무나 쉽게, 또 전혀 예상치 못한 방법으로 모든 일이 풀어질 수 있습니다. 이 모두가 사랑, 오직 주의 사랑으로 이루어지는 일들입니다.

사랑이란 마음이 넓고, 위대하고, 성자 같은 사람들만이 취할 수 있는 것이 아닙니다. 실수 많고, 부족하고, 시기와 질투가 가득한 사람도 사랑할 수 있습니다. 마음이 넓지도 않고, 잘 인내하지도 못하고, 심성이 훌륭하지도 않고, 신경질도 잘 내고, 울다가 웃다가 변덕 부리는 이 부족한 사람도 하나님 덕분에 다른 이들을 사랑할 수 있다는 것, 바로 여기에 사랑의 진정한 힘이 있습니다. 심지어 우리는 원수까지도 사랑하게 됩니다.

사랑의 말을 하십시오

고린도전서에 나오는 사랑의 말씀은 무엇입니까?
'사랑이 없으면 아무것도 아니다, 사랑이 아니면 아무
소용이 없다.' 이것이 서론입니다. 동시에 본론이기도
합니다.

> 내가 사람의 방언과 천사의 말을 할지라도 사랑이 없으면
> 소리 나는 구리와 울리는 꽹과리가 되고 고전 13:1

첫째, 사랑이 없으면 소리 나는 구리나 울리는 꽹과
리와 같을 뿐입니다.
'사람의 방언'이란 무엇입니까? 이것은 인간의 언
어를 가리킵니다. 인간의 언어를 한다는 것은 이 땅의
것에 통달했다는 의미입니다. 지성의 언어, 학문의 언
어를 자유자재로 구사한다는 것입니다. 그러나 지성
이 높고 학식이 깊다 할지라도, 사랑이 없으면 아무

소용이 없다고 말씀합니다.

우리는 외국어에 능통한 사람 앞에 가면 기가 죽습니다. 영어 하나만 잘하는 사람 앞에서도 그렇습니다. 선교사님들이 우선적으로 해결해야 할 과제도 언어라고 합니다. 첫 단계에서 언어 문제를 해결하지 못하면 복음을 전할 수 없기 때문입니다. 사람의 언어란 또 얼마나 많습니까. 그런데 이 수많은 사람의 언어를 화려하고 해박하게 구사하더라도, 사랑이 없으면 그것은 시끄러운 소리에 불과하다고 합니다.

'천사의 말'은 무엇입니까? 이것은 하늘의 언어입니다. 사람의 언어, 땅의 방언과 상반되는 개념입니다. 하늘의 방언을 가리킵니다.

그런데 가만히 보면, 하늘의 방언에도 수준이 있음을 발견합니다. 어떤 분은 정말 천사의 말처럼 아름답고 성숙하게 방언으로 찬양하고 기도합니다. 사람을 평온하게 만드는 아름다운 리듬이 듣는 귀를 기쁘게

합니다.

또 하늘의 말을 통변하는 분들도 있습니다. 저는 그런 분들을 여러 번 봤습니다. 방언에 대해 비판적인 사람도 있지만, 정말 거룩한 방언 앞에서는 겸허해지고 머리가 숙여집니다. 하지만 말씀을 보면, 사람의 방언과 천사의 말을 다 통달했다 할지라도 사랑이 없다면 그것은 아무 소용이 없다고 합니다.

세상이 시끄러운 것은 옳은 소리가 없기 때문이 아니라 사랑이 없기 때문입니다. 저마다 옳은 소리라고 합니다. 정의로운 소리, 바른 소리라고 합니다. 그런데 왜 세상이 변하지 않습니까? 그 소리는 맞지만, 그 말은 맞지만 그 안에 사랑이 없기 때문입니다. 그래서 세상은 변하지 않고 시끄럽기만 합니다.

우리가 하루 종일 생각하고 주고받는 말 중에 건질 만한 말이 몇이나 될까요? 어쩌면 다 쓰레기통에

버려도 괜찮을 말을 열심히 핏대 세우며 하고 있는지 모릅니다. 눈물, 감동, 사랑이 있는 말이 몇 마디나 되겠습니까? 사랑이 없는 모든 말은 의미 없이 소리만 요란한 꽹과리와 같습니다.

범사에 사랑하십시오

> 내가 예언하는 능력이 있어 모든 비밀과 모든 지식을 알고
> 또 산을 옮길 만한 모든 믿음이 있을지라도 사랑이 없으면
> 내가 아무것도 아니요 고전 13:2

둘째, 사랑이 없으면 아무것도 아닙니다. 사람의 지식 가운데 가장 탁월한 것은 과거를 해석하는 지식이나 현재를 이해하는 지식이 아닙니다. 아직 오지 않은 미래를 준비하는 지식입니다.

'예언'은 앞으로 일어날 일을 영적으로 미리 알고 판단하는 은사입니다. 성도들 가운데 특별히 성령님

에 대해서 민감한 사람들이 있는 것을 봅니다. 한국, 아프리카, 남미 등 곳곳에 신유의 능력이 강한 종들이 있다는 이야기도 들었습니다.

모든 비밀을 다 알 수 있는 사람이 있다면 어떨까요? 모든 일을 다 꿰뚫고 있는 사람이 있다면 어떨까요? 그는 정말 초자연적 능력의 사람이겠지요. 또 산을 옮길 만한 믿음을 가지고 있다면 어떨까요? 아마 그런 사람이 목회하면 나 같은 사람은 물러나야 할지도 모르겠습니다.

말 한마디로 사람들의 병을 고치고, 믿음으로 산을 옮기는 것은 참으로 위대한 능력입니다. 하지만 이런 능력이 있다 할지라도 사랑이 없다면 그 능력은 아무것도 아닙니다.

"고통받는 사람을 위해 귀신을 쫓아내고, 병을 고쳐 주었으면 어떤 보상이 있어야 하는 것 아닙니까?"라고 말할 수 있습니다. 이것이 우리 마음입니다. 하지만 사랑이 없다면 그 능력은 아무것도 아니라고 성경은 단호하게 말합니다.

예수님도 병을 많이 고쳐 주셨습니다. 병자를 고치신 예수님의 기적을 보면서 우리가 놓쳐서는 안 될 것이 있습니다. 그것은 예수님의 마음속에 사람을 향한, 병자를 향한 긍휼과 사랑이 있었다는 점입니다.

사랑에 가치를 두십시오

내가 내게 있는 모든 것으로 구제하고 또 내 몸을 불사르게 내줄지라도 사랑이 없으면 내게 아무 유익이 없느니라 고전 13:3

셋째, 사랑이 없으면 나는 아무 소용이 없습니다. 요즘 세상은 구제와 봉사에 큰 가치를 둡니다. 그래서 예수님을 믿지 않는 사람도 자기의 전 재산을 내놓고, 시간을 내어 봉사하고, 선한 일을 하기도 합니다. 또 그런 사람을 칭찬하며 칭송합니다.

24

봉사와 구제란 인간이 품을 수 있는 매우 아름다운 마음 중 하나입니다. 사실 내 모든 재산을 다 털어서 가난한 사람에게 나누어 준다면 이보다 더 큰 사랑이 어디에 있겠습니까? 우리 예수 믿는 사람들 중에도 깍쟁이가 많습니다. 저마다 손에 쥔 작은 것도 놓치지 않으려 하는 세상입니다. 헌금할 때마다 벌벌 떨고, 구제하기 위해 돈 얘기를 하면 힘들어합니다. 그런데 이 말씀에 나오는 사람은 그렇지 않습니다. 자기의 전 재산을 다 내어 놓은 사람입니다. 얼마나 헌신적인 모습입니까?

또 어떤 사람은 자기 몸을 불사릅니다. 왜 불사를까요? 이념, 사상 때문입니다. 목숨과 바꿀 정도의 강력한 신념, 정의와 평화를 위해서 그런 행동을 감행합니다. 하지만 자신의 모든 것으로 구제하고, 봉사를 수없이 많이 하고, 사람들이 기억할 수 없을 정도로 선행을 많이 했다 할지라도, 심지어 자기 몸을 불사르게 내어 줄 만큼 진리를 위해 애쓴다 할지라도 그 속에 사랑이 없으면 아무 소용이 없습니다.

　우리 사회에서 일어나는 일들을 보십시오. 정의와
평화를 위해서 시위를 하는데 그 얼굴에 폭발적인 분
노가 있습니다. 남을 배려하고 칭찬하기보다는 저마
다 자기가 한 일에 대해서만 목청을 높여 정당성을
주장합니다. 하지만 무엇을 하든지, 무엇을 주장하든
지 우리가 가장 먼저 기억해야 할 것은 사랑입니다.
옳고 그름을 따지기 전에, 정치적 노선이나 사상을 앞
세우기 전에, 그 안에 사랑이 있어야 합니다. 사랑 없
는 시위, 봉사, 구제, 소리는 아무 소용이 없습니다. 진
정한 사랑 없이 아무것도 이룰 수 없습니다. 그 얼굴
이 드러내는 마음속 미움과 분노와 증오는 결코 선을
만들지 못합니다. 오직 사랑만이 선을 만듭니다.
　특히 성직자들의 얼굴에서 그런 분노와 증오를 발
견할 때면 더욱 안타깝습니다.
　우리에게 정말 필요한 것은 사랑입니다.

26

'나'에게 사랑이 있습니까

고린도전서 13장 1절부터 3절의 말씀을 우리말성
경이나 표준새번역 성경으로 읽어 보면 특이한 점을
발견할 수 있습니다. '내게 사랑이 없으면'이라는 말
이 반복해서 등장하는 것입니다. 타인에게 사랑이 있
느냐 없느냐는 중요한 문제가 아닙니다. 중요한 것은
'내게 사랑이 있느냐'입니다.

세상은 서로 "네게 사랑이 있느냐?"라고 묻습니다.
사랑을 다른 사람에게서 찾습니다. 어떤 사람은 이 세
상엔 사랑이 없다, 교회에 사랑이 없다, 사회에 사랑
이 없다고 불만을 쏟아 냅니다. 하지만 그렇게 말하는
자신은 정작 어떻습니까? 대개 자신에게 사랑이 없는
사람일수록 다른 사람에게 사랑이 없다는 말을 많이
합니다. 정의가 없는 사람일수록 정의를 부르짖기 일
쑤이지요.

야고보서에 이런 말씀이 있습니다.

이와 같이 행함이 없는 믿음은 그 자체가 죽은 것이라
약 2:17

행함이 없는 믿음이 죽은 믿음이듯이 사랑이 없는 행함은 아무것도 아닙니다. 아무 소용이 없습니다.

이야기를 다시 정리해 보겠습니다. 고린도전서 13장 1절에는 사람의 방언과 천사의 말, 2절에는 예언의 능력, 모든 비밀과 모든 지식을 앎, 산을 옮길 만한 믿음, 3절에는 구제와 봉사 등에 관한 말씀이 나옵니다. 그런데 이 세 구절마다에 똑같이 등장하는 어구가 있습니다.

'내게 사랑이 없으면…'

그 결과는 소리 나는 구리, 울리는 꽹과리와 같고, 아무것도 아니요, 아무 소용이 없다고 말합니다.

내게 사랑이 없으면…
아무것도 아닙니다.

우리에겐 사랑이 필요합니다

여기서 세 가지 묵상의 씨앗을 전하고 싶습니다.

첫째, 인간의 모든 영역에는 사랑이 필요하다는 것입니다. 어떤 사람이 꽃과 나무에다가 계속 '사랑한다(I love you)'고 했더니 꽃과 나무가 잘 자라더라는 이야기는 유명합니다. 또 물에다 '사랑한다'고 계속 말했더니 물의 분자가 달라졌다는 이야기도 있습니다.

사랑받고 자란 동물과 학대받고 자란 동물은 말할 것도 없이 다릅니다. 학대받은 동물들은 언제나 도망 다니고, 피해 다니고, 눈치를 봅니다. 사람만 보면 겁을 내서 벌벌 떱니다. 학대받은 사람과 사랑받고 자란 사람도 비교할 수 없이 다릅니다. 학대받은 어린아이를 만난 적이 있습니까? 사랑받고 자란 어린아이들과는 그렇게 다를 수가 없습니다. 그 아이들을 치유할 길은 오직 사랑뿐입니다.

사랑하면 꽃도, 나무도, 동물도, 사람도 변합니다. 사랑한다고 말하면 사랑이 생겨납니다. 누구든 사랑을 받으면 달라집니다. 사랑은 용서하는 것입니다. 미움과 분노는 사람을 죽이지만, 사랑은 살립니다.

개인, 가정, 사회, 국가에서 가장 필요한 것은 사랑입니다. 우리 민족은 참 특이한 것 같습니다. 월드컵이나 올림픽 같은 국제 경기에서 우리나라 선수가 분발하면 순식간에 기세가 살아납니다. 그렇게 온 국민이 기운을 내어 응원하면 메달을 딸 수 없을 것 같던 경기에서도 좋은 성적을 거둡니다. 그래서 저는 우리 민족이 잘될 거라고 말하고, 잘될 것으로 믿습니다. 말하는 대로, 믿는 대로 이루어지기 때문입니다.

자꾸만 잘된다고 말해야 합니다. 저주하면 안 됩니다. 자식, 남편, 아내를 저주하지 마십시오. 속으로라도 축복하고, 축복하고, 축복하십시오. 그러면 이 나라도, 이 민족도, 우리 가정도 잘됩니다. 이것이 영적 원리입니다.

사랑하면 잘됩니다. 그러나 사랑하지 않으면 다 망하고 맙니다. 자신이 속한 학교, 직장을 사랑하십시오. 사랑할 수 없을 것 같으면 기둥이라도 붙들고 그냥 기도하십시오. "나는 이 학교를 사랑합니다. 이 회사를 사랑합니다. 선생님을 사랑합니다. 우리 학생들을 사랑합니다." 이렇게 기도하고, 말하면 세상이 달라질 것입니다. 우리 삶의 모든 영역에 사랑이 필요합니다.

꼭 기억하십시오. 야단치고 충고하고 비판하고 고발한다고 사람은 변하지 않습니다. 절대로 화를 내거나 남을 비판하거나 고발하거나 남에게 충고하지 마십시오.

어떤 사람은 사랑하면 버릇만 나빠진다고 걱정합니다. 그렇지 않습니다. 사랑해서 버릇이 나빠진 것이 아니라 사랑했다, 안 했다 해서 그런 것입니다. 꾸준히 사랑하면, 꾸준히 믿어 주면 반드시 변합니다. 꾸준히 축복하고 용서하면 변하게 마련입니다. 끊임없이 사랑하십시오. 남편을 꾸준히 믿으십시오. 아내를 꾸준히 사랑하십시오. 그러면 변합니다. 오직 사랑입니다. 버릇 나빠진다고 걱정하지 말고 끝까지 사랑하십시오.

어린아이들뿐이겠습니까? 세상만물도, 모든 인간도 사랑을 그리워합니다.

사랑은 죽음만큼 강합니다

둘째, '내게 사랑이 없으면'이라는 말씀, 이 말씀을 조용히 묵상해 보기를 바랍니다. 가슴에 손을 대 보십시오. 우리는 언제나 다른 사람을 향해 사랑이 없다고만 말합니다. 그러나 과연 내게는 사랑이 있는지 한번 생각해 보십시오. 내게 아이들을 향한 사랑이 있는지, 아내를 정말 사랑하는지, 눈물 나는 사랑, 감동적인 사랑을 해본 적이 있는지 자문해 보십시오.

아가서에 이런 말씀이 있습니다.

> ⁶ 너는 나를 도장같이 마음에 품고 도장같이 팔에 두라 사랑은 죽음같이 강하고 질투는 스올같이 잔인하며 불길같이 일어나니 그 기세가 여호와의 불과 같으니라 ⁷ 많은 물도 이 사랑을 끄지 못하겠고 홍수라도 삼키지 못하나니 사람이 그의 온 가산을 다 주고 사랑과 바꾸려 할지라도 오히려 멸시를 받으리라 아 8:6~7

'나를 도장같이 마음에 품고 도장같이 팔에 두라'는 표현을 보십시오. 사랑은 우리 가슴에 도장을 찍는 것입니다. '사랑은 죽음같이 강하고'란 표현도 있습니다. 사랑은 죽음만큼이나 강하고 홍수로도 끌 수 없습니다. 이것이 사랑입니다. 이것이 우리를 향한 예수님의 사랑입니다. 천사의 말, 사람의 말, 예언, 비밀, 지식, 믿음, 구제, 봉사도 사랑과 바꿀 수는 없습니다.

모든 것의 기초는 사랑입니다

셋째, 사랑이 없으면 나는 아무것도 아닙니다. 지금까지의 모든 삶과 지식, 학력, 사업, 결혼, 자녀 등 내가 평생을 두고 이끌어 온 것도 사랑이 없다면 아무것도 아닙니다.

나의 설교의 기초도 사랑이어야 합니다. 목회의 기초도 사랑이어야 합니다. 사역의 기초가 사랑이어야 합니다. 선교의 기초도 사랑이어야 합니다.

우리 안에 예수님의 이 사랑이 충만하기를 간절히 기도합니다.

하나님 아버지,

성경은 '네게 사랑이 없으면'이 아니라

'내게 사랑이 없으면'이라고 말씀합니다.

우리 안에

예수님의 사랑, 하나님의 사랑이

풍성하게 넘치게 하옵소서.

예수님의 이름으로 기도합니다. 아멘.

chapter 2

소박한 언저리 사랑이
기적을 일으킵니다

고린도전서 13장은 '사랑의 교향곡'이라 일컬을 만
한 말씀입니다. 우리는 1장에서 사랑의 서론 세 가지
를 살펴보았습니다.

첫째, '내게 사랑이 없으면 내가 만일 사람의 언어
와 천사들의 말을 한다 할지라도 소리 나는 구리나 울
리는 꽹과리와 같다'입니다. 나는 음악을 연주한다고
했는데, 멋진 연설을 한다고 했는데, 듣는 귀는 그렇지
않다는 겁니다. 어떤 분은 말을 기가 막히게 잘하는데
가만히 들어 보면 결국 자기가 잘났다는 것입니다. 듣

기는 좋은데 배려, 관심, 사랑은 전혀 찾아볼 수 없는 말도 있습니다. 사랑이 없으면 우리가 하는 모든 말은 그냥 소리 나는 구리, 울리는 꽹과리와 같습니다.

둘째, '내게 사랑이 없으면 내가 만일 예언하는 은사를 가지고 있고 모든 비밀과 모든 지식을 알고 또 산을 옮길 만한 믿음을 가지고 있다 할지라도 나는 아무것도 아니다'입니다. 평생 일을 열심히 하고 은퇴를 했는데 돈도 지식도 명예도 인생의 목적이 아님을 어느 날 발견하게 되었을 때, 내 인생은 참으로 아무것도 아니라고 느끼게 되지요. 그 결정적인 이유는 다른 데 있지 않습니다. 평생 사랑을 준 적도, 받은 적도 없기 때문입니다. 그런 인생은 너무나 차갑고, 허무하고, 싸늘한 시체와 같습니다. 숨결이 없는 삶입니다.

셋째, '내게 사랑이 없으면 내가 만일 내가 가진 모든 것으로 남을 돕고 또 내 몸을 불사르게 내줄지라도 아무 소용이 없다'입니다. 그렇게 애쓰고 수고하고 밤 잠 못 자면서 평생 일구어 놓은 일이라도 아무 소용이 없다고 성경은 말합니다. 구제와 봉사와 열정이 있다 할지라도 사랑이 없으면 무가치하다는 것입니다.

이런 이야기를 전하면서 '네게 사랑이 없으면'이 아니라 '내게 사랑이 없으면'이라고 한 데 주목하자고 했습니다. 이 말씀을 반복해서 읽고 외웠지만 주의 깊게 보지 않으면 그냥 넘어가고 맙니다. 하지만 이 말씀의 포인트는 '내게 사랑이 없으면'입니다. 정말 사랑이 없으면 내가 지금까지 쌓아 놓은 영적인 지식, 유산들이 다 헛것이요, 아무 소용이 없습니다.

사랑은 오래 참습니다

이제부터 '사랑의 교향곡'의 본론이 시작됩니다.

⁴ 사랑은 오래 참고 사랑은 온유하며 시기하지 아니하며 사랑은 자랑하지 아니하며 교만하지 아니하며 ⁵ 무례히 행하지 아니하며 자기의 유익을 구하지 아니하며 성내지 아니하며 악한 것을 생각하지 아니하며 ⁶ 불의를 기뻐하지 아니하며 진리와 함께 기뻐하고 ⁷ 모든 것을 참으며 모든 것을 믿으며 모든 것을 바라며 모든 것을 견디느니라 ⁸ 사랑은 언제까지나 떨어지지 아니하되 예언도 폐하고 방언도 그치고 지식도 폐하리라 고전 13:4~8

4~8절 말씀에는 사랑에 대한 열다섯 가지 이야기가 나옵니다. 이것은 사랑의 정의와도 같습니다. 이 말씀은 다시 4절, 5절, 6~8절의 세 그룹으로 묶을 수 있습니다.

먼저 첫 번째 묶음에 속하는 4절의 다섯 가지 속성을 살펴보려고 합니다. 이 말씀에 나오는 사랑의 정의를 보십시오. 새삼 놀라게 되지 않습니까? 우리가 일반적으로 생각하는 사랑의 정의와는 너무 다른 내용이기 때문이지요. 로미오와 줄리엣과 같은 사랑, 노트르담의 꼽추와 에스메랄다의 사랑과 같은 세기적으로 소문난 사랑이 아닙니다. 왕관마저 벗어던지고 택한 영웅적인 사랑이나 숭고하고 비장미가 흘러넘치는 사랑의 모습도 아닙니다.

우리가 이 말씀에서 받는 충격은 마치 마태복음 5장에 등장하는 산상수훈을 읽을 때와 비슷합니다. "심령이 가난한 자는 복이 있나니 천국이 그들의 것임이요"(마 5:3). 우리가 세상에 살면서 그렇게 숭배하고 추구하고 두드리고 찾던 행복과는 완전히 다른 행복에 관한 이야기가 거기에 있듯이, 우리가 그렇게 바라고 추구하고 완성하고픈 사랑의 이야기가 고린도전서 13장에는 나와 있지 않습니다. 오히려 기대와는 전혀 다른 가치관과 내용을 지닌 사랑의 정의가 우리를 맞이합니다.

4절 말씀을 다시 보십시오.

사랑은 오래 참고 사랑은 온유하며 시기하지 아니하며 사랑은 자랑하지 아니하며 교만하지 아니하며 고전 13:4

여기에서는 '사랑은 오래 참는다', '사랑은 온유하다', '사랑은 시기하지 않는다', '사랑은 자랑하지 않는다', '사랑은 교만하지 않다'는 다섯 가지 사랑의 정의를 발견할 수 있습니다.

사랑은 기다림입니다

첫째, 사랑은 오래 참습니다.

여호와는 긍휼이 많으시고 은혜로우시며 노하기를 더디 하시고 인자하심이 풍부하시도다 시 103:8

이 시편의 말씀은 하나님이 어떤 분인가에 대해 말씀합니다. 하나님을 설명하는 말 중에 가장 훌륭한 말은 '사랑'입니다. 그런데 이 말씀에는 하나님은 긍휼이 많으시고, 은혜롭고, 화를 더디 내시며, 인자하심이 풍부하신 분, 다시 말해 '사랑이 넘쳐나는 분'이라고 기록되어 있습니다. 재미있는 표현입니다. 사랑은 그냥 가만히 있는 것이 아닙니다. 사랑은 명사가 아니라 동사입니다. 우리 안에서 흘러넘치는 것입니다.

고린도전서 13장 4절은 이런 사랑의 본질, 성격을 이야기하면서 가장 먼저 '사랑은 오래 참는 것'이라고 소개합니다. 바꾸어 말하면, 참지 않는 것은 사랑이 아니라는 것입니다. 앞에서 읽은 시편에서도 사랑의 하나님은 화를 더디 내시는 분이라고 했지요. 참고 또 참는 것이 주님의 사랑의 속성이라는 것입니다.

그렇습니다. 사랑은 급하게, 빨리 할 수 있는 것이 아닙니다. 사람들은 대부분 열정적으로 사랑을 빨리, 급히 하려고 합니다. 하지만 사랑의 진면목은 끝없이 기다리고 참는 데 있습니다. '참는다'는 말 속엔 '기다림'의 뜻이 담겨 있습니다.

기다려 주고,

기다려 주고,

기다려 주는 것.

그때 신비스러운 사랑의 에너지가,

사랑의 기적이

발휘되기 시작합니다.

기다리지 않으면 사랑의 기적은 날아가 버립니다. 그러나 끝까지 기다리면 사랑의 진수를 맛보게 됩니다.

마태복음 18장 21~35절을 보면 왕에게 빚을 진 종의 비유가 나옵니다. 이 비유는 사랑을 받은 사람은 사랑을 주어야 한다는 것을 상기시켜 줍니다. 또한 주인에게서 보이는, 끝까지 참고 기다려 주는 모습이 바로 사랑임을 발견하게 합니다.

농부는 씨를 뿌리고 열매 맺히기를 기다립니다. 어머니는 해산을 할 때까지 10개월을 기다립니다. 기다림은 사랑입니다. 기다림은 성숙입니다. 끝까지 기다리는 것이 사랑입니다. 기다릴 줄 모르는 것은 사랑이 아닙니다. 그것은 가짜입니다.

한 여자를, 한 남자를 사랑할 때 그 사람이 완전하기 때문에 사랑합니까? 아닙니다. 사랑할 만한 가치가 있어서 사랑하는 것이 아닙니다. 우리는 모두 불완전하고, 불만족스럽고, 가치 없는 존재들입니다. 그럼에도 서로 사랑을 주고받습니다. 주님의 사랑을 받아 사랑에 대해서 알게 되었기에 그럴 수 있는 것입니다. 사랑한다면 끝까지 품어 주고 변할 때까지 기다려 주어야 합니다. 그것이 사랑입니다. 이런 의미에서 사랑은 기다림입니다.

'사랑은 오래 참는다'란 말씀은 화를 더디 낸다는 의미를 포함합니다. 화를 내지 않는 것이 아니라 더디 내는 것입니다. 내 기준에 맞지 않고, 내 방법대로 하지 않고, 내 말을 못 알아듣는 사람을 보면 얼마나 화가 납니까. 하지만 사랑하면 한 번 참고, 두 번 참고, 세 번 참고, 네 번 참습니다. 사랑이란 어떤 감정이나 묵상이나 감상이 아니라, 화를 내지 않는 것입니다. 아주 일상적인 이야기지요. 오늘 화낼 것을 내일 내고, 내일 화낼 것을 모레 내려고 하면서 자꾸만 기다려 주는 것입니다. 이것을 우리의 삶에서 조금씩 실천해 보기 바랍니다.

사랑에는 분노가 없습니다. 그러나 미움에는 분노가 있습니다. 분노는 죄의 속성입니다. 분노를 가지게 되면 화가 폭발합니다. 화가 폭발하면 사랑은 유리 조각처럼 다 깨져 버립니다. 끝까지 자기를 절제하고 통제하십시오. 사랑은 자기절제입니다. 사랑은 자기포기입니다. 통제입니다. 잠깐 절제하고, 잠깐 통제하는 것이 아니라 오랜 세월, 수십 년을 절제하고 통제함으로 사랑이 완성되는 것입니다. 그 결과 상대방을 변화시키는 것입니다. 절제는 아름다운 것이요, 성숙한 것이요, 열매 맺는 것입니다. 그것이 바로 오래 참음에 담긴 의미입니다.

사랑은 온유합니다

둘째, 사랑은 온유합니다. 온유하다는 것은 친절하

다는 의미입니다. 그렇다면 '친절하다'는 것은 무슨 뜻일까요? 따뜻하고 소박한 작은 사랑을 가리킵니다. 위대한 사랑을 하는 사람에게 친절하다고 하지는 않습니다. 작은 사랑, 없어도 되는 사랑, 하지 않아도 되지만 하는 사랑이 온유하고 친절한 사랑입니다. 그것은 은혜를 베푸는 행동입니다. 그런데 이 작은 사랑을 나눌 때 이상하게 마음이 따뜻해집니다.

우리는 너무 위대한 사랑의 노예가 되어 있습니다. 큰일을 해야 되고, 비전을 만들어야 되고, 리더십이 있어야 되고, 팀워크를 해야 된다고 생각합니다. 그래서 리더십 세미나, 비전 세미나, 팀워크 세미나 등 이런 것이 많습니다. 하지만 '온유 세미나', '친절 세미나'를 본 적이 있습니까? 그런 세미나는 없습니다. 하는 사람도 없고 가는 사람도 없습니다. 하지만 교회가 정말로 회복해야 할 것은 바로 이 작은 사랑의 마음입니다.

예수님의 사랑을 보십시오. 예수님께서 베푸신 대부분의 기적은 아주 소박한 데서 시작합니다. 그것을 우리가 너무 위대하게 봤을 뿐, 내용을 보면 예수님은 우리의 약함, 실수를 감싸 주시면서 따뜻하게 우리를 찾아오셨습니다.

예를 들어 가나의 혼인 잔치를 보십시오. 예수님은 그곳에서 물로 포도주를 만드시는 기적을 베푸셨습니다. 사실 예수님은 결혼식에 가지 않으셔도 됩니다. 할 일이 얼마나 많은데 결혼식에 가겠습니까. 그런데도 예수님은 그 결혼식에 참석하시고, 물로 포도주를 만들어 부족함을 채우심으로 축복하셨습니다. 온유한 마음, 친절을 보이신 것입니다. 그때 혼주들의 마음이 얼마나 기뻤겠습니까?

하지 않아도 되는 일을 꼭 하십시오. 병원에 심방 가지 않아도 누가 뭐라 하지 않습니다. 내가 간다고 그분이 자리에서 벌떡 일어서거나 완전히 달라지는 것은 아닙니다. 하지만 우리가 냉랭한 병실에 찾아가면 환자는 사랑을 느끼고 힘을 얻습니다. '아, 이분이 나를 사랑하시는구나!' 이렇게 따뜻한 마음이 전해집니다. 이것이 친절입니다.

쓰레기를 치워 주는 것, 힘에 부치는 짐을 함께 들어 주는 것, 남이 못하는 일들을 대신 해주는 것, 이것이 온유한 마음, 친절한 마음입니다. 부족하고, 배고프고, 힘겨워하는 그 사람의 등을 쓰다듬고 용기를 주는 것, 이것이 사랑입니다. 다른 것이 아닙니다.

12년 동안 혈루병을 앓던 여자가 예수님께 갔을 때 예수님으로부터 능력이 나타나서 병이 치유됐습니다. 이 여자가 무엇을 느꼈을까요? '예수님같이 위대하고 훌륭하고 바쁘신 분이 어떻게 나같이 병든 여자에게 관심을 가져 주시고 이름을 불러 주시고 생각해 주실까?' 그러면서 찡한 눈물을 흘렸겠지요. 그 눈물이 그

여자를 치유한 것입니다. 그리고 예수님은 마지막에 "사랑하는 딸아"라고 불러 주십니다. 이분이 예수님입니다. 예수님께서 행하신 일은 모두 다 이렇게 소박합니다. 하지 않아도 될 것 같아 보이는 이른바 '언저리 사랑'을 예수님께서 나누셨습니다.

삭개오를 보고 지나쳐도 뭐라고 할 사람은 아무도 없었습니다. 그러나 예수님은 삭개오를 보고 "오늘 나는 네 집에서 하룻밤 자야 되겠다. 오늘 네 집에 구원이 이르렀다"고 하셨습니다. 무시해도 되고, 신경 쓰지 않아도 되는데 예수님은 그렇게 하셨습니다. 우리가 관심 가지지 않아도 되고, 무시해도 되는 사람을 찾아가서 따뜻한 커피 한 잔을 나눌 때 하나님의 사랑이 거기 있는 것입니다. 예수님은 늘 그런 소박하고 작은 일, 없어도 되는 일들을 열심히 하셨습니다.

마태복음에 친절이 가득 담긴 말씀이 있습니다.

28 수고하고 무거운 짐 진 자들아 다 내게로 오라 내가 너

희를 쉬게 하리라 **29** 나는 마음이 온유하고 겸손하니 나의

멍에를 메고 내게 배우라 그리하면 너희 마음이 쉼을 얻으

리니 **30** 이는 내 멍에는 쉽고 내 짐은 가벼움이라 하시니라

마 11:28~30

우리 마음이 왜 삭막할까요? 친절이 없기 때문에, 친절을 받은 적이 없기 때문에, 의무와 형식과 강박관념만 있지 사랑의 감동이 없기 때문입니다.

사랑은 시기하지 않습니다

셋째, 사랑은 시기하지 않습니다. 잠언 말씀을 보겠습니다.

분은 잔인하고 노는 창수 같거니와 투기 앞에야 누가 서리

요 잠 27:4

화를 내는 것보다도 진노하는 것보다도 질투(투기)가 더 무섭다는 말씀입니다.

> ¹ 너희 중에 싸움이 어디로부터 다툼이 어디로부터 나느냐 너희 지체 중에서 싸우는 정욕으로부터 나는 것이 아니냐 ² 너희는 욕심을 내어도 얻지 못하여 살인하며 시기하여도 능히 취하지 못하므로 다투고 싸우는도다 너희가 얻지 못함은 구하지 아니하기 때문이요 약 4:1~2

시기와 질투보다 더 무서운 감정은 없습니다. 폭력과 살인의 씨앗이 되기 때문입니다. 질투란 강렬하게 불거지는 것입니다. 질투의 감정에 한번 사로잡히면 얼굴이 붉어지고 호흡이 가빠집니다.

질투의 예가 있습니다. 요셉의 형들 이야기입니다. 형들은 처음에는 요셉을 조롱거리로 삼았습니다. 그러나 그것이 조금 더 발전하니까 경쟁심으로 바뀌었고, 경쟁심은 시기심이 되어 드디어 요셉을 깊은 우물

구덩이에 던져 애굽 사람에게 팔게 만들었습니다. 그 모든 일을 한 것이 시기입니다. 시기는 가만히 두면 계속 커집니다. 혹시 당신 마음속에 시기와 질투의 불씨가 생기거든 빨리 꺼 버리십시오. 그렇지 않으면 그 불이 당신을 태워 버릴 것입니다.

바리새인들은 시기와 질투가 많았습니다. 사실 바리새인들은 그렇게 나쁜 사람들이 아닙니다. 성경에 나쁜 사람으로 자주 등장하기 때문에 바리새인이 아주 못된 사람이라고 생각하기 쉽지만 실은 굉장히 착한 종교인들입니다. 율법대로 살려고 애쓰던 사람들입니다. 그런데 이들이 예수님에게 시기와 질투를 갖게 된 것입니다. 그 질투를 끄지 않았기 때문에 결국은 십자가에까지 가 버린 것입니다.

우리 안에는 분노와 시기와 질투가 있습니다. 아예 없을 수는 없습니다. 분노, 시기, 질투가 생길 때마다 얼른 그 불을 꺼 버리십시오. 그렇지 않으면 그 불은 무섭게 변해 우리의 가정, 직장을 불태울 것입니다. 그렇게 무서운 것입니다.

제 안에도 이런 고약한 것이 있습니다. 우리 교회가 크고 좋기 때문에 질투하는 분들이 참 많은데, 그런 질투를 받으면 웬일인지 신이 나고 좋습니다. 겉으로는 안 그런 척 하면서도 교회가 크다, 목회 잘한다는 이야기를 들으면, 남들이 질투하면 저도 모르게 그것을 좋아하고 있었습니다. 이 불을 끄지 않으면 저는 망할 것입니다. 이것을 알게 되어서 참 감사합니다. 제게는 그런 기회가 너무 많습니다. 사람들이 저를 초청해 주거나 알아주면 저도 모르게 좋습니다. 그것을 지금 미리 끄지 않으면 그것은 질투로 변할 것이고, 우리 교회보다 더 큰 교회, 저보다 더 목회를 잘하는 분을 부러워하고 질투하게 될 것입니다.

사랑은 자랑하지 않습니다

넷째, 사랑은 자랑하지 않습니다.

> [3] 아무 일에든지 다툼이나 허영으로 하지 말고 오직 겸손한 마음으로 각각 자기보다 남을 낫게 여기고 [4] 각각 자기 일을 돌볼뿐더러 또한 각각 다른 사람들의 일을 돌보아 나의 기쁨을 충만하게 하라 [5] 너희 안에 이 마음을 품으라 곧 그리스도 예수의 마음이니 [6] 그는 근본 하나님의 본체시나 하나님과 동등됨을 취할 것으로 여기지 아니하시고 [7] 오히려 자기를 비워 종의 형체를 가지사 사람들과 같이 되셨고 [8] 사람의 모양으로 나타나사 자기를 낮추시고 죽기까지 복종하셨으니 곧 십자가에 죽으심이라 빌 2:3~8

이 말씀은 예수님의 마음을 보여 줍니다. 예수님은 어떻게 하셨습니까?

예수님은 진정한 포기가 어떤 것인지 보여 주셨습

니다. 예수님은 하나님의 본체셨으나 하나님과 동등
됨을 기득권으로 여기지 않으셨습니다. 우리가 우리
의 기득권, 삶의 기득권, 자리의 기득권, 존재의 기득
권만 포기할 수 있어도 예수님처럼 될 것입니다.

예수님은 자신을 비우셨습니다.

예수님은 종의 형체를 가져 사람이 되셨습니다.

예수님은 죽기까지 순종하셨습니다.

이것이 바로 자기 자신을 자랑하지 않으신 예수님
의 사랑입니다. 우리 역시 포기하고, 비우고, 종의 자
리에 서고, 순종하기를 바랍니다.

사랑은 교만하지 않습니다

마지막으로, 사랑은 교만하지 않습니다.

> 8 네가 누구에게나 혼인 잔치에 청함을 받았을 때에 높은
> 자리에 앉지 말라 그렇지 않으면 너보다 더 높은 사람이 청

함을 받은 경우에 ⁹ 너와 그를 청한 자가 와서 너더러 이 사람에게 자리를 내주라 하리니 그때에 네가 부끄러워 끝자리로 가게 되리라 ¹⁰ 청함을 받았을 때에 차라리 가서 끝자리에 앉으라 그러면 너를 청한 자가 와서 너더러 벗이여 올라앉으라 하리니 그때에야 함께 앉은 모든 사람 앞에서 영광이 있으리라 ¹¹ 무릇 자기를 높이는 자는 낮아지고 자기를 낮추는 자는 높아지리라 눅 14:8~11

사랑은 자기를 낮추는 것입니다. 사랑은 눈에 띄지 않는 작은 사랑을 행하는 것입니다. 사랑은 기다림입니다. 인내입니다. 사랑은 자랑하지 않습니다. 이렇게 산다면 사람들은 우리를 보며 '저 사람은 예수 같다'고 할 것입니다. 그 사람을 만나기만 해도 '어, 마음이 따뜻하네. 그래, 상처를 딛고 다시 한 번 일어나 볼까?' 하는 생각을 품게 될 것입니다. 그리고 그 마음 속에서 상상할 수 없는 따뜻함이 살아나기 시작할 것입니다.

이것이 사랑입니다. 사도 바울은 고린도전서 13장 말씀에서 '직업을 버리고 선교사로 가라'고 하지 않았습니다. 재산을 다 팔아서 가난한 사람에게 나눠 주라고 하지도 않았습니다. 예수님의 사랑을 전하기 위해 당신의 몸을 불사르라고도 하지 않았습니다.

이 사랑은 소박합니다. 잠깐 참아 주고, 화 내지 않고, 기다려 주고, 가지 않아도 되는 곳에 가고, 말하지 않아도 되는데 말하는 것입니다. 이것이 전부입니다. 그럴 때 사람들은 예수님을 느끼기 시작합니다.

하나님 아버지,

우리 마음속에

작은 사랑의 불꽃이 번지게 도와주옵소서.

큰 사랑, 큰 헌신은 못하지만

작은 사랑을 할 수 있도록 격려하옵소서.

예수님의 이름으로 기도합니다. 아멘.

사랑은 상대방을
함부로 대하지 않습니다

　고린도전서 13장은 흔히 '사랑장'이라고 말합니다. 고린도전서는 세상의 사랑과는 다른 기독교적 사랑을 이야기하고 있습니다. 매일 저녁 보는 드라마 속의 사랑, 영화 속의 사랑, '눈물의 씨앗'이라는 세상의 사랑과는 다릅니다. 사랑을 육적이기보다 영적으로 해석하기 바랍니다. 내가 사랑이라 말한다고 사랑하는 것이 아닙니다. 감정이 뜨거워진다고 다 사랑은 아닙니다. 세속적인 개념과 달리 기독교적인 사랑은 독특합니다. 특별히 4~8절은 사랑의 성격과 본질에 대해서 다룹니다.

예수님의 사랑, 바울의 사랑

　　예수님께서 말씀하신 사랑과 사도 바울이 말하는 사랑에는 조금 차이가 있습니다. 하지만 다를 뿐, 틀린 것이 아닙니다. 두 가지 말씀이 서로 보완됩니다. 먼저, 예수님은 '사랑이 무엇인가'보다 '누구를 사랑해야 하는가'에 대해 말씀하셨습니다. 그 핵심은 사랑의 대상입니다. 마태복음에서 예수님은 이렇게 말씀하십니다.

> **37** 예수께서 이르시되 네 마음을 다하고 목숨을 다하고 뜻을 다하여 주 너의 하나님을 사랑하라 하셨으니 **38** 이것이 크고 첫째 되는 계명이요 **39** 둘째도 그와 같으니 네 이웃을 네 자신같이 사랑하라 하셨으니 **40** 이 두 계명이 온 율법과 선지자의 강령이니라 마 22:37~40

　　예수님은 사랑의 대상을 두 가지로 말씀하십니다. 첫째는 마음과 뜻과 정성, 생명을 다해서 하나님을 사랑하라고 하십니다. 굉장히 간결하고 쉬우면서도 심오한 이야기입니다.

둘째는 네 이웃을 네 자신같이 사랑하라고 하십니다. 예수님은 선한 사마리아 사람의 비유도 해주셨습니다(눅 10:30~35). 이 비유의 핵심은 '누가 사랑의 대상인가'입니다. 강도 만난 이웃을 그냥 지나치지 않고 도와주었던 사마리아인처럼 우리도 행해야 한다는 것입니다.

예수님은 하나님을 사랑하고, 이웃을 자기 몸처럼 사랑하라고 하십니다. 즉 사랑의 대상에 대해 말씀하셨습니다.

한편 사도 바울은 어떻게 이야기합니까? 사도 바울은 사랑의 본질, 사랑의 성격에 대해 매우 간결하면서도 기독교적 진리의 핵심을 찌르는 말을 전합니다. 그것이 고린도전서 13장에 잘 기록되어 있습니다. 4절부터 8절까지 보면 사랑에 대한 열다섯 가지 이야기가 나옵니다. 우리는 지난 장에서 첫 번째 그룹에 속하는 다섯 가지 사랑의 속성을 살펴봤습니다. 즉 사랑은 오래 참고, 사랑은 온유하고, 사랑은 시기하지 않으며, 자랑하지 않으며 교만하지 않습니다.

사랑은 무례하지 않습니다

> [5] 무례히 행하지 아니하며 자기의 유익을 구하지 아니하며 성내지 아니하며 악한 것을 생각하지 아니하며 [6] 불의를 기뻐하지 아니하며 진리와 함께 기뻐하고 고전 13:5~6

두 번째 그룹에 속하는 5~6절 말씀에도 사랑에 대한 다섯 가지 메시지가 있습니다.

첫째, 사랑은 무례히 행하지 않습니다. 이 말씀을 몸소 행하신 분이 예수님입니다. 예수님께서 하신 일을 가만히 보면 우리를 사랑하시는데 절대로 무례하게 행하지 않으신다는 것을 알 수 있습니다. 예수님은 만왕의 왕, 우리의 주인이십니다. 그런 분이 우리 안으로 들어오고 싶으실 때 반드시 노크를 하시고 우리가 문을 열어 드려야 들어오십니다.

> 볼지어다 내가 문 밖에 서서 두드리노니 누구든지 내 음성을 듣고 문을 열면 내가 그에게로 들어가 그와 더불어 먹고 그는 나와 더불어 먹으리라 계 3:20

예수님은 함부로 문을 열고 들어오시지 않습니다. 노크도 안 하고 확 들어오면 얼마나 기분 나쁘고 당황스럽습니까. 예수님은 언제나 "내가 너한테 들어가도 되겠니?" 하고 노크를 하십니다. 어떤 사람이 나에게 정중하게 대해 주면 우리는 그에게서 사랑을 느낍니다. 사랑은 무례히 행하지 않습니다.

예수님은 우리를 굉장히 정중하게 대해 주십니다.

예수님은 우리를 함부로 다루시지 않습니다.

예수님은 내가 병들었을 때, 외로울 때,

배고플 때, 귀신들렸을 때 먼저 찾아오셔서

우리를 고쳐 주십니다.

구원부터 얘기하시지 않습니다.

먼저 친구가 되어 주시고, 배불리 먹여 주십니다.

귀신을 쫓아 주십니다.

그래서 누구든지 예수님을 만나면

따라가지 않을 수가 없습니다.

그분의 사랑에 이끌리기 때문입니다.

예수님은 사랑으로 제자들의 발을 씻겨 주셨습니다.

당신은 한 번이라도 회사 직원들의 발을 닦아 준 적이 있습니까? 학생이나 아랫사람의 발을 씻겨 준 적이 있습니까? 세상에서는 그러기가 어렵습니다. 하지만 그렇게 해주면, 그런 마음으로 대해 주면 그들이 고마워하고, 감격해할 것입니다. 그 마음을 알아줄 것입니다.

제자들이 갈릴리 호수 한복판에서 파선의 위기에 처했을 때, 예수님이 물 위를 걸어 그들에게로 향하셨습니다. 새벽 네 시, 그 어둠을 뚫고 왜 예수님이 물 위를 걸어가셨을까요? 사랑하셨기 때문입니다. 배가 없으니 물 위를 걸어서라도 위기에 처한 제자들을 찾아가 구해 주셨던 것입니다.

누구든지 나에게 함부로 하지 않고 정중하게 대해 주면 고개가 숙여집니다. 그 자체가 감동이요 눈물 나는 일입니다. 이 험한 세상에 있는 모든 사람이 나에게 함부로 대해도 예수님만은 나를 정중하게 대해 주십니다. 예수님은 우리가 풍랑의 위기 앞에 있을 때 바다 위를 걸어오셔서 바람을 잔잔케 하시고 안전한 곳으로 인도하시는 분입니다. 예수님은 친절하게 우리를 지켜 주십니다.

상대방을 높이십시오

세상적인 사랑은 어떻습니까? 무례하고 지배적이고 폭력적이고 공격적입니다. 그러면서도 사람들은 굉장히 위대한 사랑이라고 자만합니다. 함부로 반말을 하고 심지어는 폭력을 행사합니다. 부디 사랑의 이름으로 폭력을 행사하는 분이 없기를 바랍니다. 힘이 센 사람은 약한 사람을, 윗사람은 아랫사람을, 어른은 아이를 정중하게 대해 주어야 합니다. 동의를 구해야 합니다. 그 말에 귀 기울여 주어야 합니다. 기다려 주어야 합니다. 존귀하게 대해 주어야 합니다. 주먹을 쥐지 말고 쓰다듬어 주십시오. 특히 여자에게 폭력을 쓰는 분들이 없기를 바랍니다.

제가 이번에 수술하고 나서 바뀐 것이 하나 있습니다. 아내에게 "그렇습니까? 저렇습니까? 물 한 그릇 주시겠습니까?"라고 존댓말을 쓰기 시작한 것입니다. 처음에는 존댓말을 하는 것이 좀 어색하고 쉽지 않았습니다. 하지만 자꾸 존댓말을 하다 보니 아내가 정말로 존경스러워졌습니다. 그러니까 아내도 저에게 더욱 예를 갖추어 대해 주었습니다. 신비스러운 언어의 힘이지요. 가능하면 상대방에게 예를 갖추십시오. 남편에게 "오빠, 오빠"하면서 함부로 하지 말고, 아내에게도 반말로 대꾸하지 말고 예를 갖추기 바랍니다. 예는 인격입니다.

제가 일본에 있을 때 장재윤 목사님으로부터 아주 감동적인 이야기를 하나 들었습니다. 고객 서비스 부서에서 일하는 40대, 스즈키 상의 이야기입니다. 이분의 주요 업무가 고객들의 불평불만을 들어주는 일이었습니다. 그런데 이분이 말을 하도 거칠게 해서 남한테 상처를 많이 주었답니다. 그러던 어느 날 큐티를 하다가 '내가 이제 말을 거칠게 하면 안 되겠다. 손님한테 잘해야 되겠다'라고 결심을 하게 된 겁니다. 하필 그 큐티를 한 날, 사무실로 불평 많기로 소문난 고객이 찾아와 2시간 동안 일도 못하게 하고 화를 내며 쓴 소리를 했답니다. 그런데 스즈키 상은 큐티를 하면서 '오늘은 온유하겠습니다, 무례히 행치 않겠습니다'라고 하나님과 약속을 했기 때문에 그 사람의 불평을 2시간 동안 가만히 들어 주었답니다. 똑같은 이야기를 반복하고, 갈 듯 싶다가도 돌아와서 화를 내도 2시간 동안 꾹 참고 아주 정중하게 대해서 보냈답니다. 그랬더니 그 사람이 나중에 가면서 "미안하다"고 그러더랍니다.

그 일이 있은 지 얼마 후에 본사에서 연락이 왔답니다. 어떤 사람이 본부 책임자에게 전화를 해서 "당신 회사 지점에 기막힌 사람이 하나 있다. 그 사람을 보면서 내가 감동을 받았다. 그 사람을 칭찬하고 싶다"고 했답니다. 그래서 이 스즈키 상이 그 다음날로 본부로 발령이 났다는 이야기입니다.

무례히 행하지 않은 것에 대한 복이 이러합니다. 또 본사로 가지 않았다 한들 어떠합니까. 그는 이미 자기 자신과 싸워 이긴 사람입니다. 그야말로 큰 복을 받은 사람입니다.

자기의 유익을 구하지 않습니다

둘째, 사랑은 자기의 유익을 구하지 않습니다. 이것은 참 사랑은 이기적이지 않다, 자기중심적이지 않다는 뜻입니다.

사람들이 서로 싸우고 미워하고 대적하는 이유가 뭘까요? 왜 그렇게 화를 내고 함부로 대할까요? 이유는 간단합니다. 욕심 때문입니다. 왜 욕심이 생깁니까? 이기심 때문입니다. 세상이 자기중심적으로 돌아가야 한다는 생각 때문입니다. 그래서 자기 생각, 자기주장에 반대하는 사람은 다 공격하고 싫어하는 것입니다. 사랑하는 사이라면서 종처럼 자기에게 묶어두어야 직성이 풀리는 사람도 있습니다. 그것은 사랑이 아니지요. 비인격적인 관계일 뿐입니다.

어떤 분은 교회에서 봉사하는데 한 번도 자기의 의견을 내놓지 않고 묵묵히 순종만 합니다. 그런 분은 얼마나 존경스럽습니까. 그렇게 순종하기란 쉽지 않습니다. 사람들은 한 푼이라도 더 벌기 위해서, 한 사람이라도 더 내 편을 만들기 위해서, 땅 한 평이라도 더 내 것으로 삼기 위해서 화를 내고 싸우고 경쟁을 합니다. 사고가 나고, 어려움을 겪게 되는 것은 욕심이 과해서 그런 경우가 많습니다.

때로 저명인사들이 여성을, 심지어 어린이를 성추

행하기도 합니다. 이기심, 욕심, 정욕 때문입니다. 사창가가 번성하고 술집이 곳곳에 있는 것은 인간의 마음속에 있는 이 이기심 때문입니다. 하지만 참 사랑은 자기의 유익을 구하지 않습니다.

> 3 아무 일에든지 다툼이나 허영으로 하지 말고 오직 겸손한 마음으로 각각 자기보다 남을 낫게 여기고 4 각각 자기 일을 돌볼뿐더러 또한 각각 다른 사람들의 일을 돌보아 나의 기쁨을 충만하게 하라 빌 2:3~4

이 성경 말씀에 밑줄을 치고 곰곰이 묵상하기 바랍니다. 우리가 왜 예수님을 좋아할까요? 예수님의 말과 행동, 그분이 베푸신 기적 속에서 이기심을 찾아볼 수 없기 때문입니다. 예수님은 자신을 위해서 하신 것이 없습니다. 예수님은 오로지 하나님의 뜻을 위해서 일하셨습니다. 병자들을 위해서, 귀신들린 자들을 위해서, 외로운 자들을 위해서 일하셨기 때문에 누구든지 예수님을 좋아하는 것입니다.

이기심을 포기하십시오. 사람들이 찾아올 것입니다. 누구나 당신을 좋아하게 될 것입니다.

사랑은 성내지 않습니다

셋째, 사랑은 성내지 않습니다. 즉, 화내지 않습니다.

늘 화가 문제입니다. 화 때문에 괴로워하는 사람들이 굉장히 많습니다. 화를 내고 후회하고, 또 화를 냅니다. 그런데 말씀을 보니 사랑이 있으면 아무리 어려운 일을 겪어도 성내거나 화내지 않는다고 합니다.

사람은 기뻐하고 분노하고 슬퍼하고 좋아하는 희로애락의 감정을 느낍니다. 이런 감정 그 자체를 죄라고 할 수는 없습니다. 감정은 그냥 감정입니다. 감정에는 옳고 그름이 없습니다. 감정은 죄와 상관없이 그냥 기뻐하는 것이고 그냥 슬퍼하는 것이고 그냥 분노하는 것입니다. 어떤 분들은 화내는 것을 죄라고 생각하는데 그렇지 않습니다. 화내는 것이 죄는 아니지만 죄로 변하기가 매우 쉬울 뿐입니다. 화가 변하면 분노가 되고, 분노는 죄를 부릅니다.

26 분을 내어도 죄를 짓지 말며 해가 지도록 분을 품지 말고 27 마귀에게 틈을 주지 말라 엡 4:26~27

제가 어렸을 때 아버지께서 이렇게 말씀하시는 걸 본 기억이 있습니다. 부부 싸움 후에도 꼭 해가 지면 우리 어머니한테 가서 "여보 미안해. 화 풉시다. 성경에 해가 지도록 화 품지 말라고 했으니까 그냥 날 용서하구려. 허허"라고 하시는 겁니다. 어머니를 골탕 먹여 놓고, 실컷 화나게 해놓고 성경 구절을 딱 갖다 대면서 이제 화 풀자 그러는 것입니다. 제가 그걸 보면서 '우리 아버지가 참 꾀가 많구나!'라고 생각했습니다. 그리고 어머니의 화가 정말로 풀어지고 분위기가 좋아지는 것을 경험했습니다.

그런데 어릴 때부터 그런 모습을 보고 자라니까 제가 배운 것 같습니다. 아무리 화가 나도 하루를 넘기지 않습니다. 화 자체는 죄가 아닙니다. 그냥 감정입니다. 느끼는 것입니다. 그냥 느껴지는데 어쩌겠습니까. 화가 나면 화를 내야죠. 왜 화가 날까요? 거절감, 상처, 억울한 누명을 쓰거나 불의한 일을 겪었던 경험 때문입니다. 그래서 비슷한 경우를 만나면 꾹꾹 눌러두었던 화가 불쑥 치밀어 오르는 것입니다.

여기서 우리가 유의해야 할 것은, 사랑이 있는 사람은 화라는 함정에 빠지지 않는다는 사실입니다. 빠졌다 할지라도 금방 빠져나옵니다. 빨리 빠져나오면 나중에 화를 낼 일이 생겨도 화내지 않게 됩니다. 그것을 보고 사람들이 '저 사람 변했다'고 합니다. 사랑은 화를 내지 않습니다.

사랑은 한을 품지 않습니다

넷째, 사랑은 악한 것을 생각하지 않습니다. 즉, 한을 품지 않습니다. 사랑은 화를 내면서도 죄를 짓지 않게 합니다. 동시에 원한을 품게 하지도 않습니다.

이 세상에는 원한을 품고 용서하지 못한 채 살아가는 사람들이 얼마나 많은지 모릅니다. 사실 내 인생을 힘들게 만든 사람을 용서하기란 쉽지 않습니다. 억울하게 이혼당하게 한 사람, 폭력을 행한 사람, 사업을 망하게 한 사람, 돈 떼먹고 도망간 사람, 애써 보증을 서줬더니 나 몰라라 하는 사람, 모욕을 주고 상처를 준 사람, 나의 인간관계를 다 빼앗아 버린 사람, 나를 이용한 사람 등을 어떻게 쉽게 용서하겠습니까. 조금 다른 각도로 보면 인종차별, 성차별을 행하는 사람도 마찬가지입니다. 이런 일을 당하면 한을 품게 마련입니다. 당한 만큼 분노하고, 상처받고, 원한에 휩싸여 살아가게 됩니다. 그래서 만사가 뒤틀립니다.

이런 분노, 원한, 상처에는 몇 가지 특징이 있습니다. 묵상하면 할수록 상처가 깊어집니다. 용서하기 힘든 사람, 미워하는 사람을 잊어버리면 간단한데 매일 그 사람을 자기 눈앞에 두고 씩씩거리며 화를 냅니다. 그렇게 되면 점점 분노가 커지고 상처도 커집니다. 또 하나의 특징은 내가 준 상처는 잊어버리고 내가 받은 상처만 기억한다는 것입니다. 동시에 참으로 기적 같은 일은 내가 사랑하는 순간 그 모든 화, 분노, 상처가 소리 없이 사라진다는 것입니다. 예수님은 자신을 못 박은 자들마저 사랑하셨습니다. 그 사랑을 기억하기 바랍니다.

용서와 관련해서 예수님께서 가르쳐 주신 기도, 즉 주기도문 중에 해석이 좀 곤란한 부분이 있습니다.

우리가 우리에게 죄 지은 자를 사하여 준 것같이 우리 죄를 생각해 보십시오. 우리가 죄지은 자를 용서해 준 적이 없는데 언제, 어떻게 우리 죄가 용서받을 수 있겠습니까? 그래서 이 부분에서 자꾸 갈등하게 됩니다.

일본 작가 미우라 아야코(三浦綾子)는 이 말씀의 순서를 바꾸어서 "하나님이 내 죄를 용서해 주신 것처럼 나도 다른 사람을 용서하게 해주십시오"라고 기도했다고 하지요. 저는 이 기도문을 가만히 바라보다가 이런 사실을 깨달았습니다. 이 말씀은 '용서받는 것과 용서하는 일은 동시적이다'란 메시지를 담고 있다고 말입니다. 다시 말해, 내 죄를 용서받은 경험이 있어야 다른 사람의 죄를 용서하는 능력이 생긴다는 것입니다. 그러니까 하나님 앞에서 용서받은 경험이 없거나 내가 하나님 앞에 죄인이라는 사실을 발견하지 못하면, 절대로 다른 사람을 용서할 수 없다는 말씀입니다.

사랑은 진리를 기뻐합니다

마지막으로, 사랑은 불의를 기뻐하지 않고 진리를 기뻐합니다.

불의를 기뻐하지 아니하며 진리와 함께 기뻐하고 고전 13:6

우리 감정은 변합니다. 감정을 따라 살면 인생이 변화무쌍합니다. 갰다 흐렸다 아주 복잡합니다. 말도 이렇게 했다 저렇게 했다 합니다. 감정을 따라 살면 위기를 맞게 돼 있습니다. 비인격자라는 말을 듣게 돼 있습니다. 감정은 변하지만 진리는 변하지 않습니다. 진리를 기준으로 삼고 살면 그 사람은 틀림없이 인격자로 변합니다.

'사랑은 불의를 기뻐하지 않는다'란 말은 '사랑은 죄를 기뻐하지 않는다'는 뜻입니다. 사랑은 남의 불행을 기뻐하지 않습니다. 사랑은 남이 잘못한 것을 기뻐하지 않습니다. 사랑은 거짓말을 기뻐하지 않습니다. 동시에 사랑은 진리와 함께 기뻐합니다. 사탄이 승리하는 것을 기뻐하지 않습니다. 불법이 이기는 것을 기뻐하지 않습니다. 악이 판치는 것을 기뻐하지 않습니다. 진리와 함께 기뻐하고, 정직과 함께 기뻐하고, 의로운 것을 좋아하고, 남의 행복을 기뻐합니다. 그래서 때로 고통스러울지라도 계속 사랑합니다. 사랑하면 점점 진리로 가까이가고, 불의로부터 멀어집니다.

우리는 다섯 가지 사랑에 대한 이야기를 나눴습니다. 아주 간단한 이야기입니다. 마음만 먹으면 오늘 당장이라도 실천할 수 있습니다. 그것이 하나님의 말씀입니다.

사랑은 무례히 행하지 않습니다.

사랑은 자기의 유익을 구하지 않습니다.

사랑은 성내지 않습니다.

사랑은 원한을 품지 않습니다.

사랑은 불의를 기뻐하지 않고

진리와 함께 기뻐합니다.

하나님 아버지,

예수님의 사랑이 내 사랑이 되게 하옵소서.

주님을 사랑하고 이웃을 사랑하며

오래 참는 믿음으로

예수님이 우리를 대하듯이

상대방을 대하게 하옵소서.

성령님, 나와 함께하셔서

오늘부터 주의 사랑을 실천할 수 있게 하옵소서.

내 감정이 아니라 진리대로 사랑하게 하옵소서.

불의를 기뻐하지 않고,

진리에 내 인생의 닻을 걸도록 이끌어 주옵소서.

내 감정은 쓰고 복잡하고 싫어도

진리를 따라가면

하나님의 복이 임할 줄로 믿습니다.

예수님의 이름으로 기도합니다. 아멘.

chapter 4

사랑은
모든 것을 덮어 줍니다

고린도전서 13장의 세 번째 그룹에 속한 다섯 가지 사랑의 메시지입니다. 이 말씀은 사랑에 대한 장엄한 대서사시 같기도 하고, 사랑에 대한 결론 같기도 합니다.

다섯 가지 사랑의 정의

[7] 모든 것을 참으며 모든 것을 믿으며 모든 것을 바라며 모든 것을 견디느니라 [8] 사랑은 언제까지나 떨어지지 아니하되 예언도 폐하고 방언도 그치고 지식도 폐하리라

고전 13:7~8

첫째, 사랑은 참아 주는 것입니다. 모든 허물과 실수와 죄를 다 덮어 줍니다. 사랑에는 우리의 허물과 죄와 실수를 보혈의 피로 깨끗이 덮어 주는 그런 능력이 있습니다.

자꾸 드러내고, 약점과 단점을 찾고, 아픈 부분을 파헤치는 것은 사랑이 아닙니다. 어떤 사람은 죄와 허물을 다 드러내야 사람이 변한다고 하는데 그렇지 않습니다. 덮어 줘야 변합니다. 드러내면 상처, 한, 분노, 복수심만 생깁니다. 그래서 될 일도 안 되고, 나중에는 깊은 상처를 안은 채 분노에 휩싸여 살인 의식까지 갖게 됩니다. 그러나 덮으면 모든 악한 것이 그 자리에서 사라집니다.

둘째, 사랑은 모든 것을 믿습니다. 사랑은 내가 사랑하는 대상을 조건 없이 믿게 합니다. 지금은 실수하고, 실패하고, 자격이 없고, 형편없지만 사랑하면 격려해 주고 믿어 줍니다. 할 수 있다고 믿어 줍니다. 절망에서 승리로 뛰어나올 수 있다고 믿어 줍니다. 특별히 가까운 사이일수록 믿어 주십시오. 자녀들을 믿어 주십시오. 또 속더라도 믿어 주십시오. 그래도 믿어 주십시오. 끝까지 믿어 주십시오. 그러면 그 믿음에 감동되어 그 사람의 인격이, 삶이 변화될 것입니다.

셋째, 사랑은 모든 것을 바라며, 그 사람에게 끊임없이 희망을 줍니다. "너는 할 수 있다. 해봐라. 괜찮다. 절망하지 마라. 좌절하지 마라. 열등감에 빠지지 마라. 돌아서지 마라. 끝까지 시도해라." 이렇게 용기를 북돋아 줍니다.

넷째, 사랑은 모든 것을 견딥니다. 끝까지 견뎌야 합니다. 마치 올림픽에서 마라톤 선수가 완주하듯이 버티어 내고 견뎌야 합니다.

마지막으로, 클라이맥스 같은 사랑의 정의가 나옵

니다. 사랑은 언제까지나 떨어지지 않습니다. 사랑은 절대로 사라지지 않습니다. 사랑은 영원히 존재합니다. 사랑은 변함없이 우리에게 능력을 줍니다. 이것이 요점입니다.

분열되는 고린도교회

사도 바울이 고린도전서 13장에서 왜 이런 글을 썼을까요? 그 이유는 고린도교회를 보면 알 수 있습니다. 고린도교회는 세워진 지 얼마 되지도 않았는데 도덕적으로 부패하고 우상을 숭배하고 음행을 행하고 파벌을 만들어서 심각하게 싸움을 했습니다.

저는 고린도전서 1장부터 12장까지의 말씀을 보면서 '아, 이런 교회라면 반드시 싸우고 헤어지겠다'는 생각이 들었습니다. 예수 믿는 사람들에게 제일 마음 아픈 사건은 서로 싸우고 교회가 갈라지는 것입니다. 갈라지는 교회를 보면 이루 말할 수 없는 일들이 벌어집니다. 장로는 목사에게 세상에서 할 수 없는 심한 말로 손가락질을 하면서 비판을 하고, 목사는 앞에서 공격을 못하니까 뒤에서 말을 만들어 장로를 공격합니다. 그래서 법정까지 가서 싸웁니다. 이런 일들이 요즘에만 있는 것이 아닙니다. 초대교회 때부터 있었습니다.

지상의 교회에는 항상 갈등이 있습니다. 완전한 교회는 지상에 없습니다. 사랑해서 결혼했다 하더라도 자꾸 싸우듯이 이 지상의 교회는 흠이 많고 싸움도 많습니다. 그러나 천상의 교회는 어떻습니까? 천상의 교회는 완벽합니다. 죄도 없고, 이기심도 없고, 절망도 없고, 질투도 없는, 우리가 꿈꾸는 교회가 천국에 있습니다.

고린도교회의 문제점을 정리하면 이렇습니다.

첫째, 파벌이 있었습니다. 교회 안에 파벌이 있으면 얼마나 힘든지 모릅니다. 교회에 등록한 시기에 따라, 출신 지역에 따라, 출신 학교에 따라 편을 가르고 싸움을 합니다. 파벌은 옳고 그름에 대한 판단 없이, 다만 '누구 편인가'만 따집니다.

고린도교회에서 어떤 사람들은 "바울이 최고다. 바울이 나한테 세례 줬다. 나는 바울파다"라고 했습니다. 또 어떤 사람들은 "나는 예수님의 수제자인 게바(베드로)파다"라고 했습니다. 실제로 바울과 베드로는 싸우지 않았지만 고린도교인들끼리 파벌을 만들어 열심히 싸웠습니다. 또 어떤 사람들은 "나는 아볼로파다"라고 했습니다. 아볼로는 학자적인 사람입니다. 그러니까 학구파냐, 행동파냐, 누구에게 세례를 받았느냐에 따라 파벌을 만든 것입니다.

그런데 아주 재미있는 파가 하나 있습니다. 어떤 사람은 "나는 바울도 게바도 아볼로도 다 싫다. 나는 예수파다"라고 했습니다. 이런 교파 저런 교파 다 싫으니 교파 없는 교파를 만든 것입니다.

그럼 그곳에는 문제가 없을까요? 아닙니다. 문제는 똑같이 있습니다.

둘째, 고린도교회에 음행하는 문제가 있었습니다. 5장 1절을 보면, 자기 아버지의 아내와 동거하는 사건이 교회 안에 있었습니다. 더욱 심각한 것은 이런 문제가 있으면 출교를 시킨다든지 어떤 조치를 취해야 하는데 아무런 행동도 하지 않았다는 점입니다. 그만큼 음행이 교회 안에 공공연하게 용납되고 있었습니다. 그러니 교회가 점점 안으로 썩어갈 수밖에요. 음행은 요즘도 교회 분열의 중요한 주제곡입니다. 마치 어느 한 부분이 아프면 다른 곳도 아프듯이, 음행이 있으면 부도덕한 일들이 여기저기서 터집니다.

고린도전서 5장 10절을 보면 음행뿐만 아니라 탐욕, 약탈, 중상모략, 우상숭배 등 여러 문제가 많았습니다. 교회에 음행만 일어나도 말이 많고 시끄러울 텐

데 교인들 전체가 이렇게 부도덕하고 더러운 일을 쉬쉬하면서 계속했던 것입니다.

셋째, 소송을 했습니다. 우리 믿는 사람들 사이의 문제는 웬만하면 법정까지 가지 않고 교회 안에서 해결해야 합니다. 목사님이나 장로님께 그 문제에 대해 지도를 받고 그분들의 영적 권위에 따르면 얼마나 좋겠습니까. 하지만 고린도교회에서는 소송을 하고 세상 법정에 가서 재판관에게 수치를 당하는 사건이 있었습니다.

넷째, 우상숭배를 위해 바친 음식을 먹어도 되는지의 여부를 두고 다툼이 있었습니다. 원래 싸우는 집은 시시한 문제를 놓고도 심하게 싸웁니다. 싸우지 않는 집은 지혜롭게 그 문제를 해결합니다. 이런 부분만 보더라도 고린도교회는 오늘날 서울로 옮겨 와도 아마 문제 많기로 소문난 교회가 되었을 것 같습니다.

또 고린도교회는 어린 교회라 은사 문제로도 많이 다투었습니다. 누가 은사를 제일 많이 받았느냐, 누가 가장 영적이냐를 놓고 경쟁했습니다. 사실 가장 영적인 사람은 경쟁하지 않습니다. 믿음과 신앙이 어린아이 같은 사람만이 예언이 먼저다, 방언이 먼저다, 믿음이 먼저다 하면서 다툽니다.

이런 문제가 교회에만 있겠습니까? 집안에도 이런 문제들이 얼마나 많습니까. 말을 들어보면 다 일리가 있는데 해답이 없는 경우가 허다합니다.

방법은 '사랑'입니다

이런 문제들을 사도 바울이 다 들었습니다. 그러고는 "그만!"이라고 말합니다. "싸우는 것을 멈추라. 하나님의 말씀, 사랑으로 돌아오라. 이 문제를 해결할 수 있는 것은 사랑뿐이다. 분열이 있는 곳에, 파벌이 있는 곳에, 음행이 있는 곳에, 부도덕한 곳에, 소송이 있는 곳에, 우상숭배가 있는 곳에 사랑이 있어야 한다"라고 호소하는 것입니다.

"사랑은 만병통치약이다. 사랑을 품게 되면 모든 문제들이 다 사라질 것이다. 사랑은 치유와 회복, 일치와 연합, 순결과 도덕, 화해와 신뢰를 준다"는 것이 바울의 가르침입니다. 사랑이 있을 때 근본적으로 치유된다는 것입니다.

사도 바울은 고린도전서 13장에서 열다섯 가지 사랑의 본질을 이야기했습니다. 그러면서 모든 것을 멈추고 사랑으로 덮으라고 말합니다.

가정에 문제가 생기면 일단 참고 덮으십시오. 덮으면 치료가 시작됩니다. 비판하지 않게 됩니다. 어떤 사람은 "덮어도 문제는 그대로 있다. 누가 문제를 해결하느냐?"고 합니다. 우리가 이 문제를 해결하는 것이 아닙니다. 하나님께서 하십니다. 하나님께서 문제를 해결하신다는 것을 믿으셔야 합니다. 그렇게 악했던 사람이, 그렇게 형편없던 사람이, 말도 안 되는 일을 저질렀던 사람이 사랑을 받으면 마음이 풀리기 시작합니다. 믿어 주십시오. 그 사람에게 희망의 메시지를 주십시오. 끝까지 인내하고 견디는 믿음을 보여 주십시오.

사랑은 모든 것을 참고 덮습니다

7절을 다시 한 번 읽어 보겠습니다.

> 모든 것을 참으며 모든 것을 믿으며 모든 것을 바라며 모든 것을 견디느니라 고전 13:7

첫째, 모든 것을 참아 줄 수 있는 것이 무엇입니까? 돈도 아니고 설득력도 아닙니다. 사랑입니다. 사랑하면 허물도 덮을 수 있습니다. 고린도교회의 문제를 어떻게 해결하겠습니까? 법원에 가서 할 수 있는 것이 아닙니다. 분열, 파벌, 분단, 부도덕, 우상숭배, 소송의 문제를 어떻게 세상의 법으로 해결하겠습니까? 해답은 사랑입니다. 예수님입니다.

> [1] 허물의 사함을 받고 자신의 죄가 가려진 자는 복이 있도다 [2] 마음에 간사함이 없고 여호와께 정죄를 당하지 아니하는 자는 복이 있도다 시 32:1~2

시편에도 그 허물이 가려진 사람이 복이 있다고 했습니다. 우리의 죄와 허물이 다 가려지기를, 덮어지기를 바랍니다. 그러면 하나님의 영이 나타나서 하나님의 사랑으로 우리의 그 숨겨진 죄악들을 하나씩 하나씩 다 드러나게 하실 것입니다. 그리고 눈물, 콧물 흘리며 회개하게 하실 것입니다. 그렇게 치유하시고 해결하시고 회복시키실 것입니다. 그렇게 될 것을 믿으십시오.

아담과 이브를 보십시오. 그들이 범죄한 이후에 부끄러움을 깨닫고 무화과나무 잎으로 옷을 지어 입었지만 하나님은 어떻게 하셨습니까? 아담과 이브에게 가죽옷을 지어 입히셨습니다. 이것이 '덮는다'는 말의 의미입니다.

예수님께서 간음하다 현장에서 붙잡혀 돌에 맞아 죽게 된 여인을 보시고 맨 처음 하신 말씀이 무엇입니까? 이 여인을 보호하는 말씀이었습니다. "너희 중에 죄 없는 자가 먼저 돌로 치라"(요 8:7). 그 말씀을 듣고 사람들은 모두 돌을 버리고 떠났습니다. 그러자 예수님께서 '나도 너를 정죄하지 않겠다. 이제부터 다시는 죄를 짓지 마라'(요 8:11)고 하십니다. 예수님께서 보호하시지 않았다면 이 여인의 운명은 어떻게 되었을까요? 그 순간 끝나지 않았겠습니까? 예수님은 보잘것없는 그 한 여인을 보호하시고, 격려하시고, 살리셨습니다. 이것이 '덮는다'는 말의 의미입니다.

예수님께서 갓 태어나셨을 때 예수님을 보호했던 것은 무엇입니까? 아무도 예수님을 환영하지 않았지만 마구간과 강보가 있었습니다. 탕자에게는 아버지의 기다림이 있었습니다. 그가 지은 죄와 상관없이 용서, 환영, 보호가 그를 기다리고 있었습니다. 아버지는 아들의 죄를 묻지 않고, 그 냄새나는 아들을 껴안고 반지를 끼워 주고 음식을 주었습니다. 이것이 바로 '덮는다'는 말의 의미입니다.

사랑은 모든 것을 믿고 바랍니다

둘째, '모든 것을 믿는다'라는 말의 뜻은 무엇일까요? 믿음은 불가능을 가능케 하고, 없는 것을 있게 하고, 보이지 않는 것을 보이게 합니다. 사랑은 믿음을 심어 절망을 희망으로 바꿉니다. 하나님은 끝까지 인간을 신뢰하셨습니다.

아무리 죄를 짓고 실수하고 실패해도 다시 일어나

도록, 다시 회복되도록 하나님께서 하셨습니다. 하나님께서 세상에 있는 사람을 믿어 주셨기 때문에 구원이 시작이 된 것입니다(요 3:16).

예수님을 보십시오. 예수님의 열두 제자 중에서 가장 실수가 많은 사람이 누굴까요? 베드로입니다. 감정적이고 감성적인 베드로는 기복이 심했습니다. 베드로는 예수님께 사탄이라고 야단을 맞기도 했습니다. 그러나 예수님은 끝까지 베드로를 믿어 주셨습니다. 결국 베드로는 수제자가 되고 초대교회의 리더가 되고 순교자가 되었습니다. 이것이 믿음입니다. 죄를 덮어 주고 그 사람을 믿어 주고 그 사람에게 희망의 메시지를 주면 그렇게 됩니다.

사랑은 바라며 희망을 줍니다

셋째, 사랑은 모든 것을 바랍니다. 희망을 줍니다.

노아는 홍수 이후에 땅이 말랐는지 알아보기 위해

비둘기를 보냈습니다. 오랜 시간 후에 비둘기는 잎사귀 하나를 물고 옵니다. 이 잎사귀는 희망을 의미합니다. 이제 홍수는 지나갔고 땅이 말랐다는 것입니다.

주변 사람들에게 사랑한다고 말하십시오. 그것이 희망의 씨앗, 희망의 잎사귀입니다. 계속 학교에서 낙제하고 시험에서 떨어지고 자리에서 쫓겨나고 도저히 길이 없다고 할지라도 "지금부터 다시 하자"고 희망을 주십시오. 건강을 잃어버린 사람에게도 이 노아의 잎사귀와 같은 희망을 주면 살아나기 시작합니다. 자살을 생각했던 사람도 다시 눈을 깜빡이며 살아야 된다고 생각을 바꿉니다. 사랑은 사람들에게 희망을 심어 줍니다.

이런 희망의 사랑을 나누지 않겠습니까? 믿음의 사랑을 나누지 않겠습니까? 어떤 허물과 죄도 다 용서해 주는 그런 사랑을 하지 않겠습니까?

사랑은 모든 것을 견디게 합니다

넷째, 사랑은 모든 것을 견디게 합니다.

사람들은 종종 위기에 부딪칩니다. 절망에 빠지거나, 불가능 앞에 서게 되거나, 쉽게 좌절하고 포기하고 중도에 하차하고 싶은 일들이 삶에는 많습니다. 그러나 만약 하나님께서 우리에 대한 사랑을 포기하셨다면 우리의 구원이 어찌됐겠습니까? 예수님께서 십자가에 못 박혀 돌아가실 때까지 참으셨기 때문에 우리가 구원받은 것 아닙니까? 십자가를 보십시오. "엘리 엘리 라마 사박다니(하나님, 하나님, 어찌하여 나를 버리십니까?)", "내가 목마르다", "다 이루었다." 예수님은 이렇게 끝까지 목숨이 끊어지는 순간까지 또 속아 주시고 거듭 참아 주셨습니다. 그래서 인류가 살아나게 된 것입니다.

사랑은 영원합니다

다섯째, 사랑은 영원합니다.

사랑은 언제까지나 떨어지지 아니하되 예언도 폐하고 방언
도 그치고 지식도 폐하리라 고전 13:8

사랑은 예언보다, 방언보다, 지식보다 더 강하다는
것입니다. 예언도 그치고 방언도 그치고 지식도 사라
지지만 영원히 남는 것이 사랑입니다. 우리가 소유한
집도, 자동차도, 직장도, 좋아하던 모든 것도 사라지
지만 우리 안에 있는 사랑만은 남습니다.

사랑은 여기 있으니 우리가 하나님을 사랑한 것이 아니요
하나님이 우리를 사랑하사 우리 죄를 속하기 위하여 화목
제물로 그 아들을 보내셨음이라 요일 4:10

옛적에 여호와께서 나에게 나타나사 내가 영원한 사랑으로 너를 사랑하기에 인자함으로 너를 이끌었다 하였노라 렘 31:3

이제 사랑에 대한 메시지를 세 가지 방법으로 새겨 보려고 합니다.

고린도전서 13장 4~8절 말씀에서 '사랑'이란 말 대신에 '나(자기 이름)'라는 말을 넣어 읽어 보십시오.

_____은 오래 참고

_____은 온유하며

_____은 시기하지 아니하며

_____은 자랑하지 아니하며

_____은 교만하지 아니하며

_____은 무례히 행하지 아니하며

_____은 자기의 유익을 구하지 아니하며

_____은 성내지 아니하며

_____은 악한 것을 생각하지 아니하며

_____은 불의를 기뻐하지 아니하며

_____은 진리와 함께 기뻐하고

_____은 모든 것을 참으며

_____은 모든 것을 믿으며

_____은 모든 것을 바라며

_____은 모든 것을 견디느니라

_____은 언제까지나 떨어지지 아니하되 예언도
폐하고 방언도 그치고 지식도 폐하리라.

112

뭔가 마음에 걸려 끝까지 읽기가 쉽지 않습니다. 끝
까지 읽었다면 참 훌륭한 분입니다.

이번에는 '사랑'이란 말 대신에 '예수님'이라는 말
을 넣어 읽어 보십시오.

'나(자기 이름)'라는 말을 넣고 읽을 때에는 전혀 읽히

지 않습니다. 입술만 움직일 뿐 마음에 감동이 없습니다. 그러나 '예수님'이라는 말을 넣어 읽어 보니까 '맞아, 맞아, 이분이 예수님이야'라고 고백하게 됩니다.

이제는 '사랑'이라는 말 대신에, '내 안에 계신 예수님'이라는 말을 넣어 읽어 보십시오.

나는 할 수 없지만 내 안에 계신 예수님은 이런 사랑을 하실 수 있습니다.

주님,

내게 능력이 없습니다.

사랑할 능력도, 덮어 줄 능력도, 믿어 줄 능력도

내겐 없습니다.

우리의 능력과 의지로는 도저히 해낼 수 없습니다.

그러나 내 안에 계시는 주님의 능력으로

그렇게 되기를 원합니다.

사랑의 힘과 능력을 부어 주옵소서.

주님의 인도하심으로 사랑하게 하옵소서.

예수님의 이름으로 기도합니다. 아멘.

chapter 5

사랑을 더해야
모든 것이 온전해집니다

사랑에는 완전한 사랑과 불완전한 사랑이 있습니다. 인간의 사랑은 불완전합니다. 그러나 하나님의 사랑은 언제나 완전합니다. 하나님의 사랑은 흠과 티가 없고 부족함이 없습니다. 순간적인 사랑이 아니라 영원까지 가는 사랑이요, 변함없는 사랑이요, 진실한 사랑입니다.

인간의 사랑은 불완전합니다. 인간은 늘 완전한 사랑을 노래하지만 아무리 완벽하게 하려고 해도 흠이 있고 티가 있고 부족합니다. 인간의 사랑은 순간적이고 변덕이 심하고 진실하지 못합니다.

인간의 불완전한 사랑

우리말에는 '사랑'의 동의어들이 다양하지 않지만, 헬라어나 영어에는 상황에 따라 사랑에 대한 표현이 여러 가지로 달라집니다. 사랑이란 말 한마디밖에 없는 것을 보면 어쩌면 우리나라 사람들의 사랑이 지고 지순한지도 모르겠습니다. 그럼에도 사랑을 들여다보면 다양한 단계와 양상을 발견할 수 있습니다.

첫째, 육체적인 사랑(에로스)입니다. 이것은 본능적인 사랑, 성적인 사랑입니다. 여기에는 자식을 향한 부모의 본능적인 사랑의 의미도 담겨 있습니다.

우리는 사람을 보며 짐승 같다고 느낄 때가 있습니다. 또 개띠, 소띠, 말띠 등 사람을 동물로 이야기하기도 합니다. 산이나 절에 가면 무서운 동물의 얼굴을 조각해 놓은 것을 볼 수 있습니다. 인간의 내면에는 그런 동물적인 야망, 본능, 성욕이 있다는 것입니다.

둘째는 이런 육체적인 사랑보다 고상하고 순결한 인격적인 사랑이 있습니다. 인간을 어떻게 보느냐에 따라 사랑도 달라지는 것 같습니다. 인간을 동물처럼 취급한다면 그 사람은 동물적인 사랑을 할 것이고, 인간을 하나님의 피조물로 본다면 그 사람은 인격적인 사랑을 할 것입니다.

이 인격적인 사랑은 크게 두 가지로 구분됩니다. 하나는 우정(필리아)입니다. 이 단어는 부활하신 예수님과 베드로가 만났을 때 나누었던 대화에서 등장합니다(요 21:15~17). 예수님께서 베드로에게 "요한의 아들 시몬아, 네가 나를 사랑하느냐?"고 물으셨습니다. 이때 주님께서 쓰셨던 단어는 하나님의 사랑(아가페)이었습니다. 그러나 베드로는 "제가 주를 사랑하는 것을 주께서 아십니다"라고 대답했습니다. 이때 베드로가 아가페라는 단어 대신 필리아를 썼습니다. "내가 당신을 우정으로, 친구로 사랑합니다"라고 대답한 것입니다. 두 번째 물으셨을 때에도 베드로가 필리아로 대답하자 세 번째에는 필리아로 물으셨습니다. 이처럼 필리아는 매우 순수하고 아름다운 사랑의 이름입니다.

인격적인 사랑의 다른 하나는 부모의 사랑(스토르게)입니다. 부모의 사랑에는 아무 조건이 없습니다. 마치 하나님의 사랑 같습니다. 무조건적이고 무한하고 희생적입니다. 이러한 사랑이 순결하고 아름다운 까닭은 우리를 조건 없이 사랑하셨던 하나님을 모델로 삼기 때문입니다.

하나님의 완전한 사랑

육체적인 사랑과 인격적인 사랑에 이어지는 셋째는 하나님의 사랑(아가페)입니다. 이 하나님의 사랑을 표현할 때에는 절대 다른 단어를 쓰지 않고 '아가페'만씁니다. 이 사랑은 조건 없는 사랑, 거저 주는 사랑, 희생하는 사랑, 포기하는 사랑을 말합니다. 이것은 오직 하나님께만 있습니다.

우리가 받은 사랑은 아가페입니다. 하나님께서 인간을 그렇게 사랑하시기 때문에 성령님을 힘입어 우리도 이 사랑을 흉내 낼 수 있습니다. 인간이 하나님의 사랑을 갈망하며 순종할 때 기적이 일어납니다. 회복이 일어나고 축복이 일어납니다.

우리가 지금까지 살펴본 고린도전서 13장의 사랑은 인간적인 사랑이 아닙니다. 하나님의 완전한 사랑, 영원한 사랑인 아가페를 이야기하고 있습니다. 하나님의 사랑의 모델은 예수 그리스도입니다. 예수 그리스도의 삶과 말씀 속에 이 하나님의 사랑이 녹아 있습니다. 다시 말하면 예수님에게서 하나님의 사랑의 성격과 본질을 발견할 수 있다는 것입니다.

하나님의 사랑은 오래 참습니다.
그러나 우리는 참다 맙니다.
간혹 오래 기다리고 참는다 해도
허무주의적인 실존을 좇습니다.
하나님의 사랑은 친절합니다.
상대방이 실수를 하더라도
끊임없이 웃고 또 웃습니다.

하나님의 사랑은

시기하지 않고,

자랑하지 않고,

교만하지 않습니다.

앞서 세 번에 나눠 열다섯 가지로 말씀드린 이 사랑을 가만히 들여다보면 '나도 할 수 있다, 인간도 할 수 있다'는 느낌을 받을지 모릅니다. 그러나 인간은 다만 흉내를 낼 뿐 결코 하나님의 사랑을 할 수 없습니다. 이 사랑을 온전히 이루신 분은 예수 그리스도뿐입니다.

매일 이렇게 살지는 못하지만 한순간만이라도 이렇게 해보기 바랍니다.

"네가 나를 때려도 나는 기다릴 거고, 참을 거고, 친절할 거고, 네가 어떤 욕을 해도 나는 흥분하지 않을 거야."

이런 생각이 담긴 표정을 한번 지어 보십시오. 예수님의 사랑이 그랬습니다. 우리가 만약 2천 년 전으로 돌아가서 예수님을 만날 수 있다면 예수님의 얼굴은 아마 이런 표정을 담고 있을 것입니다.

'아가페'를 보여 주신 예수님

사랑은 무례히 행하지 않는다고 했습니다. 이 말 속에는 '상대방에게 상처를 주지 않는다'는 뜻이 있습니다. 예수님의 삶과 언어를 보면, 하실 말씀을 다 하시면서도 상대방에게 상처를 주지 않으신 것을 알 수 있습니다. 사심 없이 사랑하는 마음으로 말씀하셨기 때문입니다.

예수님은 자기의 유익을 구하시지 않았고, 성내시지 않았고, 원한을 품으시지 않았고, 불의를 기뻐하시지 않았습니다. 진리와 함께 기뻐하셨습니다. 저는 예전 설교를 다시 읽으면서 '진리와 함께하는 사랑'이란 말이 얼마나 좋은지 새삼 깨달았습니다. 우리 사랑에는 거짓이 너무 많습니다. 불법이 너무 많습니다. 또한 사랑은 진리와 함께하고, 모든 것을 덮어 주고, 모든 것을 믿어 주고, 모든 것을 바라고, 모든 것을 견딥니다.

여기까지 헤아려 보니까 저는 숨도 잘 못 쉬겠습니다. 저는 이것과 반대로 살기 때문입니다. 흉내도 내 보고 애를 쓰지만 안 됩니다. 제가 화를 잘 안 낼 것 같습니까? 겉으로는 그래 보여도 속으로는 화를 잘 냅니다. 표현을 안 할 뿐입니다. 노력은 하지만 잘 안 됩니다. 그럴 때마다 '예수님은 어떻게 그렇게 하실 수 있었을까?' 하는 생각이 듭니다.

> 사랑은 언제까지나 떨어지지 아니하되 예언도 폐하고 방언도 그치고 지식도 폐하리라 고전 13:8

예언은 소중합니다. 미래의 열쇠입니다. 그러나 결국 종말, 마지막 때가 되면 예언은 다 성취됩니다. 예언의 역할이 끝나는 것입니다. 방언도 소중합니다. 그러나 천국이 오면 천국 방언이 있는데 세상 방언이 무슨 의미가 있겠습니까. 지식은 훌륭한 것입니다. 하지만 천국에서 세상의 지식이 무슨 필요가 있겠습니까.

영원까지 이어지는 사랑

그렇다면 영원까지 가지고 갈 수 있는 것이 무엇일까요? 그것은 바로 사랑입니다. 사랑은 현재에도 필요하고 미래에도 필요하고 영원까지 필요합니다. 하나님이 사랑이시기 때문입니다. 하나님이 계신 곳에는 언제나 사랑이 있습니다.

이 말씀을 준비하다가 저를 돌아봤습니다. 20년 넘게 온누리교회를 섬겨 오면서 요즘 후회하고 회개하는 일들이 많습니다. 저도 모르게 교회가 크게 성장했지만 제가 교인 한 명 한 명을 돌봤는지를 자문해 보면 자신이 없습니다. 우리 교인이 왜 울고 있는지, 무엇 때문에 어려워하고 있는지 돌보지 못했습니다. 제가 시간이 없고 건강이 없어서 못했다면 다른 분에게 부탁을 해서라도 했어야 하는데 하지 못했습니다. 결국 시간이 없었던 것이 아니라 마음이 없었고 사랑이 없었던 것입니다.

이제 앞으로 제가 살아야 할 시간이 살아온 시간보다 적기 때문에 교인들을 만나지도 못하고 사랑하지도 못한 것이 두렵습니다. 교회 초창기에는 교인들과 잘 지냈습니다. 밥도 같이 먹고 집에도 오가면서 이야기를 나누었습니다. 그런데 교회가 점점 커지니까 그렇게 하지 못했습니다. 제가 가만히 스스로에게 물어봤습니다. '네가 정말 하고 싶었는데 못했니?' 아닙니다. 제게 마음이 없어서, 사랑이 없어서 못한 것입니다.

예전에는 기억나지 않았는데 요즘은 병들고 가난하고 힘들게 살아가는 사람들이 자꾸 기억납니다. 얼마 전에 한 성도를 심방했습니다. 서울과 미국에서 여러 번 이분을 위해 기도하고 위로했었는데 또 입원했다는 소식을 들었습니다. 그날은 제가 투석을 받아 몹시 지쳐서 걷기도 힘들었습니다. 하지만 장로님과 목사님과 함께 그분을 심방하러 갔습니다. 그날 그분이 천사같이 차분한 얼굴을 하고 있었습니다. 자기 병을 설명하는데 "이제 마지막 수술인 것 같아요. 그리고 장기가 붙지 않으면 그 자리에서 죽을 수도 있어요"라고 했습니다. 저는 제가 좋아하는 '내 영혼이 은총 입어' 찬송을 부르고 기도하고 돌아왔습니다. 그런데 며칠 지나지 않아 하나님 나라에 가셨다는 이야기를 들었습니다. 그분은 병과 싸우면서, 자기가 죽을 것을 알면서 얼마나 불안했을까요. 그날, 제가 힘들기는 했지만 심방하길 잘했다고 생각했습니다.

모든 것을 완전케 하는 사랑

지금 제 마음속에 또 생각나는 분이 박우형 장로님입니다. 최근에 어머님이 소천하셨고 몸도 불편하신데 어떻게 사시는지, 누가 밥을 먹여 주는지, 누가 몸을 닦아 주는지, 누가 청소를 해주는지 마음이 쓰였습니다. 그러면서 생각했습니다. '내가 사랑이 참 부족

하구나. 사람에 대한 생각이 부족하구나.'

고린도전서 말씀에 비추어 보면, 교회 성장도 사랑이 없으면 아무 소용이 없습니다. 유명해지는 것도, 부유해지는 것도 사랑이 없으면 아무 소용이 없습니다. 우리가 알고 있는 예언, 방언은 다 부분적인 것입니다. 그런 것은 완전하지 않습니다. 우리는 진리의 끝자락을 붙들고 있을 뿐입니다. 지극히 작은 한 부분을 알고 있는 것뿐입니다. 사랑이 없다면 모두 다 헛것이 됩니다.

어느 날 저는 제가 하는 설교가 하나님의 말씀의 지극히 작은 한 부분이라는 사실을 깨닫고 얼굴이 뜨거워지고 부끄러워졌습니다. 제 사랑은 말하기조차 부끄러울 정도였습니다. 이런 생각에 저는 가끔 설교를 준비하다가 더 진행하지 못하고 가만히 묵상하며 기도합니다.

131

⁹ 우리는 부분적으로 알고 부분적으로 예언하니 ¹⁰ 온전한 것이 올 때에는 부분적으로 하던 것이 폐하리라 고전 13:9~10

우리는 부분적으로 알고, 부분적으로 예언하고, 부분적으로 방언합니다. 완전한 것이 오면 부분적으로 알던 것은 다 사라집니다. 여기서 완전한 것이란 무엇입니까? 사랑입니다. 부분적인 것은 무엇입니까? 사랑 이외의 모든 것입니다. 그 어떤 것도 주님의 이름으로 했다 할지라도 그 안에 사랑이 담겨져 있지 않다면 다 헛것입니다.

행복한 삶의 조건

저는 목회에 있어서 완전한 것과 부분적인 것이 무엇일까 생각해 봤습니다. 부분적인 것은 쉽습니다. 건물, 의자, 성도 숫자, 조직, 시스템 등입니다. 이런 것들은 부분적인 것입니다. 온누리교회가 소중하게 생각하는 큐티, 일대일, 공동체, 순도 다 부분적인 것입니다. 좀 더 깊이 생각해 보면 우리가 소중하게 여기는 Acts29, 2천/1만 비전, 러브소나타, 비전교회, CGNTV, 두란노 등도 다 말씀에 비춰 보면 부분적인 것입니다. 부분적인 것이 틀렸다는 것이 아닙니다. 우리는 그것을 해야 합니다. 교회가 사라질 때까지 그 일을 계속할 것입니다.

이 부분적인 것이 완전해지려면 어떻게 해야 할까요? 사랑이라는 아교가 들어가야 합니다. 큐티를 하면 거기에 눈물의 사랑이 있어야 하고, 성도들의 겸손이 있어야 하고, 친절이 있어야 하고, 기다림이 있어야 하고, 예의가 있어야 합니다. 큐티만 잘한다고 큐티가 되는 것이 아닙니다. 일대일만 잘한다고 일대일이 되는 것이 아닙니다. 일대일, 큐티, 러브소나타가 지나간 자리에 하나님의 사랑이 남아야 합니다.

러브소나타도 그렇습니다. "와, 한국 성도들이 자기 돈으로 비행기를 타고 와서 죽도록 고생하고 가는구나!" 일본 사람들이 이런 것을 보고 감동을 받아 눈물을 흘립니다. 사랑을 느끼는 것입니다.

우리가 말하고 사는 모든 것에 사랑이 묻어 있어야 합니다. 내가 하는 모든 것은 부분적인 것입니다. 거기에 사랑이 들어가야 완전한 것이 됩니다.

우리의 가족관계도 마찬가지입니다. 집, 자동차, 직업, 유명세가 있다고 가족이 행복합니까? 결혼의 조건이 화려하면 행복합니까? 아닙니다. 사랑이 있어야 합니다. 부모와 자식 간에 사랑이 있을 때 그 가정은 행복해집니다.

우리 사회도 마찬가지입니다. 국민 총생산(GNP)이 올라가고 각종 경제지표가 좋아져야 행복해지는 것이 아닙니다. 우리 심장에 사랑이 흘러야 합니다. 정치에도, 교육에도, 경영에도 사랑이 필요합니다. 건강한 국가는 그것을 고민합니다.

결국 '사랑'입니다

　제가 어제 설교 준비를 다 끝내 놓고 CGNTV를 보려고 채널을 돌리다가 우연히 평화방송에서 이미 돌아가신 교황 요한 23세에 대한 방송을 보았습니다. 그분이 젊었을 때 불가리아로 발령을 받았습니다. 그곳은 아무도 가지 않는 가장 가난하고 형편없는 교구였고, 인원도 주교와 그를 돕는 보좌 신부 딱 두 사람 뿐이었습니다. 교회 운영비, 월급이 제대로 바티칸에서 공급되지 않는 곳인데 이분이 부임을 하자마자 그곳에 지진이 났습니다. 주교는 팔을 걷어붙이고 빵을 구워 배고픈 사람에게 제공했습니다. 그런데 문제가 생겼습니다. 그 지역은 러시아 정교회가 지배하는 구역이었기 때문에 가톨릭 신부가 오는 것을 반대하고 신랄하게 공격하고 빵을 거부하고 돌로 치려고 했던 것입니다. 그래서 정교회 신부와 이 가톨릭 주교가 둘이 서로 만났습니다. 처음에는 표정이 다 험악했습니다.

서로의 입장이 대립되는 일촉즉발의 상황이었습니다. 그런데 가톨릭 주교가 가슴에 있는 십자가 목걸이를 보여 주었습니다. 그것을 보고 정교회 신부도 십자가 목걸이를 보여 주었고 결국 둘이 서로 껴안았습니다. 그래서 빵을 나눠 줄 수 있게 됐습니다. 게다가 바티칸에 허락도 안 받고 은행에서 돈을 빌리기까지 해서 지진으로 부서진 정교회 건물도 지어 주었습니다. 이 일로 그분은 그 교구에서 쫓겨나고 말았습니다. 그런데 그분이 나중에 교황이 됐다는 이야기입니다.

아주 감동적이었습니다. 이분이 끊임없이 주장해 온 것은 평화였습니다. 전쟁을 없애는 것이 자신의 역할이라고 생각하고 일을 했습니다. 저는 이분이 가톨릭, 바티칸보다 예수님의 평화를 중요하게 생각했던 것에 감동을 받았습니다.

하나님을 위해 헌신할 때에도 마찬가지입니다. 기독교나 교회보다, 정말 우리 마음속에 예수님의 사랑이 있어야 하지 않겠습니까? 예수님께서 마태복음에서 이런 말씀을 하셨습니다.

> 또 누구든지 제자의 이름으로 이 작은 자 중 하나에게 냉수 한 그릇이라도 주는 자는 내가 진실로 너희에게 이르노니 그 사람이 결단코 상을 잃지 아니하리라 하시니라 마 10:42

> 임금이 대답하여 이르시되 내가 진실로 너희에게 이르노니 너희가 여기 내 형제 중에 지극히 작은 자 하나에게 한 것이 곧 내게 한 것이니라 하시고 마 25:40

양심에 질문하십시오. 사랑에 부끄러움 없는 사람이 되십시오.

주님,

내 자신도 사랑하기 어려운 사람입니다.

그래서 늘 비판하고, 고발하고, 평계를 댔습니다.

사랑 없는 것을 부끄럽게 생각합니다.

주님, 내 마음에 사랑을 부어 주옵소서.

밑바닥 난 물동이처럼 바닥 난 인생에

사랑을 부어 주옵소서.

나를 치료해 주시고 이 사랑이 흘러넘치게 하셔서

이웃에게 친구에게 가족에게

그리고 이 세상에, 주님의 사랑을 나누게 하옵소서.

지금까지의 내 삶은 실수투성이요,

허망한 것이었습니다.

하나님의 사랑을 의지합니다.

쓸모 있는 인생이 되게 하옵소서.

예수님의 이름으로 기도합니다. 아멘.

chapter 6

성숙한 사랑은 부족함이 없는
충만함에 이릅니다

성숙한 사랑을 받아 본 적이 있습니까? 성숙한 사람과 이야기해 본 적이 있습니까? 성숙하다는 말은 '무르익었다'라는 뜻입니다. 한가위 보름달처럼 속이 꽉 찬 것을 말합니다. 추수 때 벼 이삭처럼 알차게 영근 모습입니다. 성숙한 사람에게서 겸손을 느낄 수 있습니다. 겸손뿐만 아니라 지혜와 통찰력이 드러나는 것을 보게 됩니다. 그와 이야기하면 모든 것이 확실해지고 분명해지며 쉬워집니다. 그래서 성숙한 사람 곁에는 자꾸 가고 싶어집니다.

성숙하지 못한 사람은 어떤 사람일까요? 우선 그 사람과 이야기를 해보면 답답합니다. 했던 말을 반복해서 또 하게 됩니다. 자기중심적입니다. 그래서 일이 자꾸 꼬이고 열매가 없습니다. 어린아이의 특징은 미숙함입니다. 우리의 사랑은 잘못된 것이 아니라 미숙한 것입니다. 미숙해서 남에게 상처를 주고 실수를 많이 합니다.

완전한 사랑이 하나님께 속한 사랑이고 불완전한 사랑이 인간에게 속한 사랑이라고 한다면 성숙한 사랑은 타인에게 덕을 끼칩니다. 미숙한 사랑은 다른 사람에게 불편을 끼칩니다. 이 두 가지 사랑에 대해서 생각해 보겠습니다.

어린아이의 사랑_ 미숙함

고린도전서 13장 11~12절에는 미숙한 사랑과 성

숙한 사랑에 대한 세 가지 비유가 나옵니다. 첫 번째는 어린아이와 어른의 비유이고, 두 번째는 거울로 보듯 희미한 것과 얼굴을 맞대어 보는 것의 비유이며, 세 번째는 부분적으로 아는 것과 온전히 아는 것의 비유입니다.

먼저 어린아이와 어른의 비유를 살펴보겠습니다.

> 내가 어렸을 때에는 말하는 것이 어린아이와 같고 깨닫는 것이 어린아이와 같고 생각하는 것이 어린아이와 같다가 장성한 사람이 되어서는 어린아이의 일을 버렸노라 고전 13:11

첫째, 어린아이같이 말한다고 했습니다. 어린아이는 어떻습니까? 일반적으로 어린아이 때에는 철이 없고 성숙하지 못하고 지혜가 부족합니다. 응석을 부리고 남을 배려할 줄 모릅니다. 떼를 쓰고 자기주장만 계속 되풀이합니다. 다른 사람의 말을 경청하지 않고, 작은 일에 쉽게 화를 내고 소리를 지릅니다. 또한 어린아이는 어휘력이 달립니다. 알고 있는 단어가 얼마 없기 때문입니다. 그래서 어린아이는 문장을 이해하는 상상력이 부족합니다. 어린아이는 자기 언어 수준의 밖에 있는 이야기를 제대로 알아듣지 못합니다.

둘째, 어린아이같이 깨닫는다고 했습니다. 어린아이의 세계관은 아주 단순합니다. 단순하게 이해하고 단순하게 말합니다. 어린아이의 세계는 자기중심적입니다. 자신이 경험한 세계 안에서만 삽니다. 자기 외에는 관심이 없습니다. 남이 배고픈지, 병들었는지, 눈물 흘리는지 알아차리지 못합니다. 상대방의 아픔을 보지 못한다면 어린아이 같은 사람입니다. 어른이 되어서도 이렇게 사는 사람들이 참 많습니다. 항상 자기중심적이고 떼쓰고 응석 부리고, 자기주장만 하고 남의 입장을 배려하지 않고 남의 이야기를 듣지 않는

데 무슨 사랑이 생기겠습니까? 사랑은 사랑인데 그런 사랑은 아주 골치 아픈 사랑입니다.

셋째, 어린아이같이 생각한다고 했습니다. 말은 이해를 낳고 이해는 생각을 낳습니다. 어린아이는 지혜와 통찰력이 부족하고, 생각의 깊이와 넓이, 높이도 보잘것없습니다. 앞뒤를 계산하지 않고 느끼는 대로, 생각나는 대로 말합니다. 본문에서 사도 바울은 미숙한 사랑이 어린아이의 사랑과 같다고 표현하고 있습니다.

어른의 사랑_ 배려와 경청

반대로 성숙한 사랑은 무엇입니까? 어린아이가 아닌 어른의 사랑을 말합니다. 여기서 어른은 성숙하고 잘 훈련된 그런 어른입니다.

첫째, 성숙한 사람은 어른의 말을 합니다. 성숙한

사람은 말하는 것부터 다릅니다. 입술로 소리를 낸다고 해서 다 말이 아닙니다. 어릴 때는 뜻 모를 소리를 마구 내뱉습니다. 틀린 줄도 모르고 아무 말이나 재잘거립니다. 그러나 어른이 되면 많은 의미를 담아서 말로 의사소통합니다. 상상력까지 덧붙여서 말을 전달합니다. 그래서 그것이 아름답고 함축적인 시가 되기도 합니다. 성숙한 사람의 말은 천박하지 않습니다. 거칠지 않습니다. 절제의 미가 있습니다. 성숙한 사람, 즉 진정한 어른은 할 말과 하지 않아야 할 말을 구분합니다. 말의 중요성을 알기에 함부로 말하지 않습니다. 자신이 어디까지 말을 해야 하는지 압니다.

둘째, 성숙한 사람은 어른의 이해력을 갖습니다. 사리를 분별하고 속 깊은 뜻을 이해합니다. 상대방의 말보다 생각을 이해하고, 상대방의 생각보다는 의도를 알아차리려고 합니다. 어른은 사소한 문제에 집착하지 않습니다. 사소한 문제로 싸우지 않습니다. 어떤 문제가 있을 때 서로 이해하면 넘어갈 수 있습니다. 이해를 못 해서 짜증을 내고 화를 내는 경우가 얼마나 많은지 모릅니다. 다른 사람을 배려한다는 것도 어른의 특징입니다. 남을 배려할 줄 모르는 사람은 항상 자기 것만 챙기고 가 버립니다. 그리고 자기의 사랑을 강요합니다. 상대방에게 필요한 사랑을 나누어 주지 않습니다. 또한 어른은 다른 사람의 말을 경청합니다. 서점가에 '배려'와 '경청'에 관한 책들이 많이 나와 있습니다. 그만큼 배려의 기술과 경청의 기술이 우리에게 필요하다는 뜻이겠지요. 남의 이야기를 끝까지 들어주는 것도 성숙한 사람의 모습입니다.

예수님이 얼마나 우리를 배려하시는지 아십니까? 우리가 상처받을까 봐, 힘들까 봐 세심하게 배려하십니다. 예수님은 약자, 병든 자, 힘없는 자를 배려하십니다. 또 예수님은 우리의 이야기를 잘 들어주십니다. 결국 타인을 보살필 수 있는 것이 사랑입니다. 우리가 신학교 다닐 때 귀에 따갑도록 들은 말이 '다른 사람을 위해 살아가라'와 '다른 사람을 사랑하라'입니다. 이것이 성숙한 사랑의 자세입니다.

셋째, 성숙한 사람은 어른의 사고를 합니다. 남을 돕고 살리는 생각을 합니다. 생각이 사상을 만들고 사상이 행동을 만들어 사람을 움직입니다. 사랑은 남을 위해 움직이는 것입니다. 나를 위해 살지 않고 남을 위해 사는 것이 성숙한 사랑의 모습입니다. 그래서 성숙한 사람은 무슨 일을 해도 거칠지 않고, 남에게 실례를 하거나 손해를 끼치지 않는 사랑을 합니다.

사도 바울은 본문에서 성숙한 크리스천은 하나님의 온전한 사랑에 의지한다고 이야기합니다. 자신의 불완전한 사랑을 내세우며 소리 지르는 것이 아니라, 하나님의 완전한 사랑을 의지한다는 것입니다.

미숙한 사람은

어린아이같이 말합니다.

어린아이같이 깨닫습니다.

어린아이같이 생각합니다.

성숙한 사람은

어른의 말을 합니다.

사리를 분별하고 속뜻을 이해합니다.

깊이 사고합니다.

얼굴을 맞대어 보는 사랑

이제 두 번째 비유를 말씀드리겠습니다.

> 우리가 지금은 거울로 보는 것같이 희미하나 그때에는 얼
> 굴과 얼굴을 대하여 볼 것이요 고전 13:12上

'미숙한 사랑은 거울을 통해 자신의 얼굴을 보는 것 같다'고 설명합니다. 기술이 발달되지 않았던 초대교회 당시에는 은이나 동과 같은 금속으로 거울을 만들었기 때문에 오늘날의 거울처럼 완벽하게 얼굴을 비출 수 없었습니다. 그래서 자신의 얼굴을 대충, 그럭저럭 보고 살았습니다. 경우에 따라서는 얼굴이 찌그러져 보이기도 했습니다. 미성숙한 사랑은 이런 거울로 얼굴을 보는 것처럼 일그러지기 쉽습니다. 희미해서 잘 알 수가 없습니다. 마치 초점이 맞지 않는 카메라 영상과도 같습니다. 확실한 것을 보여 주지 못합

니다. 봐도 본 것 같지 않습니다. 잡고 싶어도 잡을 수 없습니다. 부부의 사랑, 형제끼리의 사랑, 친구 간의 사랑, 이웃의 사랑, 조국의 사랑, 인류애는 다 이런 거울의 사랑입니다. 보이기는 보이는데 확실히 보이지 않는 사랑입니다.

그러나 얼굴과 얼굴을 맞대어 보는 것을 생각해 보십시오. 그 사이에 아무것도 없습니다. 본문에서는 성숙한 사랑에는 얼굴과 얼굴을 맞대어 보는 것과 같은 감동이 있다고 말하고 있습니다. 얼굴과 얼굴을 맞대어 보는 것 같은 사랑은 어떤 사랑일까요? 절대자이신 하나님께서 내게 베푸시는 사랑입니다. 하나님의 얼굴과 나의 얼굴을 맞대어 보는 그런 사랑일 것입니다. 원색적이고 분명하고 능력 있는 사랑입니다. 태양과 같은 사랑입니다. 태양만 봐도 눈부신데, 절대자 하나님의 얼굴을 본다면 얼마나 황홀하고 감격스러울까요? 하나님의 사랑에 얼굴을 맞대면 저는 기절해

버리고 말 것입니다. 너무나 강렬해서 견딜 수 없을 것입니다. 하나님 사랑에 비추면 우리의 티가 순식간에 없어져 버릴 것입니다. 하나님의 얼굴을 맞대어 보는 것 같은 그런 사랑이 임하기를 축원합니다.

우리가 그런 사랑을 가지고 있다면 용서하지 못 할 것이 없고, 이해하지 못 할 일이 없고, 받아들이지 못 할 사람이 없을 것입니다. 누구든지 다 껴안을 수 있을 것입니다.

길을 가다 보면 심하게 냄새 나는 노숙자를 마주치는 일이 있지요. 그런데 그가 가까이 다가오면 사람들이 한쪽으로 비킵니다. 혹시 닿을까 봐 그러는 것입니다. 저만 해도 그렇습니다. 그 사람들의 냄새를 다 맡고 껴안아야 하는데 그렇게 하지 못했습니다. 껴안기는 껴안는데 지금은 억지로 껴안고 있는 단계라는 것을 깨달았습니다. 그렇게 쉽지가 않습니다. 하지만 껴안아야 합니다.

죄의 오물 속에 빠졌던 우리를 건져 내신 하나님의

아들 예수 그리스도 때문에 우리를 더럽다 하지 않으시고 안아 주십니다. 이 사랑을 경험한 사람은 누구든지 다른 사람을 안아 줄 수 있습니다. 나를 미워하고 힘들게 하는 사람까지도 품어 줄 수 있습니다. 내 사랑으로는 안 되지만 하나님의 사랑으로는 다 껴안을 수 있습니다.

어디 노숙자뿐이겠습니까? 불편하게 하는 사람, 나를 힘들게 하는 사람을 안 만나려고 하고 멀리하려고 합니다. 하지만 그런 사람을 껴안아야 합니다. 같이 울어 주고 이해하고 생각해 주어야 합니다.

모든 사람을 품어 주는 사랑이 성숙한 사랑입니다. 이런 성숙한 사랑은 능력이 있습니다. 사람을 녹이고 부드럽게 하는 능력이 있습니다. 마음 문을 열게 하는 능력이 있습니다. 하나님 사랑의 클라이맥스는 무엇일까요? 하나님 사랑의 클라이맥스는 예수 그리스도입니다. 우리도 주님이 하신 것처럼 사랑해야 합니다.

온전히 아는 사랑

이제 세 번째 비유입니다. 세 번째는 부분적으로 아는 것과 온전히 아는 것의 비유입니다. 13장 12절 하반절에서부터 보겠습니다.

지금은 내가 부분적으로 아나 그때에는 주께서 나를 아신 것같이 내가 온전히 알리라 고전 13:12下

154 부분적으로 안다는 것은 온전한 지식이 아니라는 뜻입니다. 내가 나를 이해하는 것도 부분적이고, 내가 하는 사랑도 전부 부분적입니다. 전체를 본 적이 없기 때문입니다.

하나님께서 설계하신 구원의 드라마를 전체적으로 본 적이 있습니까? 나의 구원 체험은 하나님의 구원의 드라마의 극히 일부일 뿐입니다. 우리에게는 하나님 나라와 종말의 세계, 요한계시록과 그 후의 천상

세계에 대한 성경적 지식이 부족합니다. 그래서 깊고 오묘하고 놀라운 하나님의 구원 계획에 대해 아주 단순하게 이해하고 마는 것입니다. 미래를 모르기 때문에 현재 싸우는 것입니다.

미래를 이해하고 종말을 이해하면 현재의 구원이 확실하게 드러납니다. 내가 나를 아는 것이 완전한 지식이겠습니까, 주님이 나를 아는 것이 완전한 지식이겠습니까? 주님이 나를 아는 것이 더 완전한 지식일 것입니다. 그런데 마치 주님이 나를 아시듯 내가 나를 알게 된다는 것입니다. 이것이 성숙입니다.

부족함이 없는 충만한 사랑

우리는 미숙한 사랑과 성숙한 사랑에 대한 사도 바울의 세 가지 설명을 들었습니다. 여기에서 성숙한 사랑에 해당하는 것만 추려서 보면 '어른의 사랑', '얼굴을 맞대어 보는 사랑', '온전히 아는 사랑'입니다. 이 세 가지 사랑에 무슨 뜻이 담겨 있을까요? 세 가지를 생각해 볼 수 있습니다.

첫 번째, 성숙한 사랑은 '내게 부족함이 없으리로다'라는 다윗의 고백처럼 부족함이 없는 사랑입니다. 인간의 사랑에는 흠과 티가 있고 모자람이 있습니다. 그러나 하나님의 사랑에는 흠과 티가 없고 모자람이 없습니다. 부족함이 없습니다.

여호와는 나의 목자시니 내게 부족함이 없으리로다 시 23:1

'많다'라는 개념보다 '부족함이 없다'라는 것이 더 중요합니다. 만족한다는 것은 아주 가득 찬 것을 의미합니다. 더 이상 부족함이 없는 것입니다. 이 말씀을 나누는 모든 분들에게 부족함이 없게 되기를 축원합니다.

하나님의 풍성함이
우리의 부족함을 다 채웁니다.

요한복음 2장 1~12절에는 가나의 혼인 잔치에 드러난 부족함 없는 하나님의 모습이 나옵니다. 가나의 혼인 잔치에서 두 가지를 배울 수 있습니다. 가나는 시골입니다. 가보신 분은 알겠지만, 큰 도로에서 작은 도로로 빠져서 한참 가야 당도할 만큼 외진 시골 마을입니다. 이 평범한 시골 결혼식에 예수님이 참석해 주신 것입니다. 우리는 중요하지 않은 모임은 다 빼버립니다. 하지만 예수님은 평범한 사람의 결혼식에 참석해 주셨습니다. 저는 이 구절을 읽었을 때 이런 기대감이 문득 들었습니다. '어, 예수님이 내 결혼식에도 오시겠는데?' '나같이 부족한 사람도 찾아주시겠는데?' 나 역시 평범하디 평범한 사람이 아닙니까. 이렇게 평범한 나를, 주님은 굉장히 소중하게 생각하신다는 메시지가 가나의 혼인 잔치 본문에 담겨 있습니다.

또 하나의 메시지가 있습니다. 포도주가 떨어졌을

때 예수님이 조용히 포도주를 채워 주십니다. 부족한 것을 채우시는 예수님의 모습입니다. "동이에 물을 갖다 부어라"라고 조용히 말씀하십니다. 그렇게 해서 예수님은 신혼부부가 부끄럽지 않게 해주십니다. 성숙한 사랑은 위기에서 건져 줍니다. 성숙한 사랑은 남을 도와주는 사랑이요, 어려움을 막아 주는 사랑입니다.

충만한 사랑이 드러나는 본문이 또 하나 있습니다. 마태복음 14장 13~21절에 예수님이 병을 많이 고치셨기 때문에 많은 무리가 모여들었다는 이야기가 나옵니다. 여기서 한 가지 배우는 것은, 예수님은 숫자에 관심이 없으셨다는 사실입니다. 몇 명이 모이든, 몇 천 명이 모이든 관계치 않으셨습니다. 우리는 숫자에, 크기에, 물질에 예민합니다. 그러나 예수님은 그렇지 않으셨습니다.

이 모여든 사람들이 해가 지도록 머무르자 배고파졌습니다. 그리고 예수님은 그들의 배고픔을 지나치지 않으셨습니다. 그들의 갈증과 허기에 예민하셨습니다. 예수님은 말씀을 들으려고 찾아온 사람들 앞에서 '그들에게 먹을 것을 갖다 주라'고 하셨습니다. 사실 그들에게 어떻게 먹을 것을 줄 수 있겠습니까? 어디서 갑자기 그 많은 음식을 구하겠습니까? 하지만 예수님은 관계치 않으셨습니다. 보리떡 다섯 개와 물고기 두 마리를 받으시자, 부족하다고 탓하지 않고 그로써 충만히 채우셨습니다. 예수님은 자신의 말을 들으려고 찾아오는 수많은 사람들을 먹이시는 분입니다. 허기와 갈증과 상처와 아픔을 배려하시는 분입니다.

160

우리 삶의 문제는 배려가 없기 때문에 발생합니다. 우리에겐 내가 중요하고, 내 모임이 중요하고, 내 생각, 내 교회만 중요합니다. 하지만 예수님은 '저 사람들이 배고플 것이다'라고 생각하셨습니다. 그래서 보리떡 다섯 개와 물고기 두 마리로 남자만 5천 명을 먹이고도 열두 광주리가 남았다는 이야기가 있는 것입니다. 여기에서 남을 불쌍히 여기고 생각하시는 예수님의 배려심이 드러납니다. 또한 충만함의 참된 의미가 발견됩니다. 충만하다는 말은 흘러넘친다는 말입니다. 이것이 성숙한 사랑입니다.

회복과 치유, 능력이 있는 사랑

두 번째, 성숙한 사랑은 회복과 치유를 의미합니다. 병들고, 상처 나고, 약한 것들을 고치고 치유하고 강하게 하는 능력이 여기에 있습니다.

그의 소문이 온 수리아에 퍼진지라 사람들이 모든 앓는 자 곧 각종 병에 걸려서 고통당하는 자, 귀신 들린 자, 간질하는 자, 중풍병자들을 데려오니 그들을 고치시더라 마 4:24

'고쳐 주셨다', '치료해 주셨다', '회복시켜 주셨다' 이것이 성경이 전하는 예수님의 모습입니다. 예수님은 아무리 바쁘셔도 병을 고쳐 주셨습니다. 제가 이번에 큰 수술을 하면서 하나님께 무슨 기도를 한 줄 아십니까? '주님, 내가 이 병에서 살아나면 치유 사역자가 되게 해주십시오'입니다. 그런 비전을 하나님이 자꾸 저에게 주십니다.

저는 20년 동안 말씀 사역을 중심으로 해왔습니다. 그런데 교회에 아픈 사람이 너무 많습니다. 의사 선생님의 도움도 받고, 약의 도움도 받지만 우리 교회에 치유 사역자들이 많이 생겨서 기도의 도움을 받고 살아나는 사람들이 많이 생기기를 기도합니다. 하나님은 지금 저에게 치유 사역에 대한 비전을 보여 주고 계십니다. 그래서 한 영혼, 한 영혼 돌봅니다. 교회도 돌보지만 교인을 돌봐야 합니다. 아무리 숫자가 많아도 서로서로 돌보면 2분의 1로 줄어들고, 다시 서로서로 돌보면 4분의 1로 줄어듭니다.

세 번째, 성숙한 사랑에는 능력이 있습니다. 성숙한

사랑에는 부드러운 능력(soft power)이 있습니다. 사람을 녹이고, 부드럽게 하고, 문을 열게 하는 능력이 있습니다. 절망을 희망으로 바꾸고, 패배를 승리로 바꾸게 하는 용서의 능력이 있습니다. 우리가 지금까지 공부한 고린도전서 13장 4~8절은 아주 중요한 성경 구절입니다. 이제 다른 관점에서 살펴보겠습니다. 그냥 읽고 느끼시고 즐기십시오.

> [4] 사랑은 오래 참고 사랑은 온유하며 시기하지 아니하며 사랑은 자랑하지 아니하며 교만하지 아니하며 [5] 무례히 행하지 아니하며 자기의 유익을 구하지 아니하며 성내지 아니하며 악한 것을 생각하지 아니하며 [6] 불의를 기뻐하지 아니하며 진리와 함께 기뻐하고 [7] 모든 것을 참으며 모든 것을 믿으며 모든 것을 바라며 모든 것을 견디느니라 [8] 사랑은 언제까지나 떨어지지 아니하되 예언도 폐하고 방언도 그치고 지식도 폐하리라 고전 13:4~8

예수님의 사랑은 완전한 사랑이요, 성숙한 사랑입니다. 예수님이 내게 그런 사랑을 베풀어 주셨습니다. 그것을 믿고 활용할 수 있도록 기도합시다. 이미 우리 안에 그 사랑을 주셨습니다. 믿으십시오. 그리고 그것을 사용하십시오. 남을 살릴 수 있습니다. 남을 도와줄 수 있습니다.

남을 배려해 보십시오. 이야기를 들어 보십시오. 그 사람의 문제점이 보이기 시작할 것입니다. 그리고 그것을 성숙한 사랑으로 치유하는 우리가 되기를 축원합니다.

주님,

내게 사랑이 없음을 알게 하시니 감사합니다.

내가 사랑이라고 생각하고 품어 왔던 것이

사실은 가짜였음을 고백합니다.

내게 하나님의 온전한 사랑과 성숙한 사랑을

부어 주옵소서.

또 우리 교회가 그런 사랑의 공동체 되게 하시고

우리나라가 그런 사랑의 나라 되게 하여 주옵소서.

예수님의 이름으로 기도합니다. 아멘.

chapter 7

불협화음이 없는
사랑의 교향곡을 연주하십시오

사랑 시리즈의 마지막 메시지는 사랑의 교향곡, 사랑의 합주곡입니다. 사랑은 마치 교향악단의 여러 악기가 함께 연주하여 만들어 내는 하나의 신비스러운 음악, 합주곡과 같습니다.

삼위일체적 관계

그런즉 믿음, 소망, 사랑, 이 세 가지는 항상 있을 것인데 그 중의 제일은 사랑이라 고전 13:13

'믿음 소망 사랑, 이 세 가지는 항상 있을 것인데'라는 말씀을 그냥 읽으면 안 됩니다. 믿음, 소망, 사랑은 성부, 성자, 성령이 하나인 것처럼 삼위일체적 관계이기 때문입니다. 믿음의 연주, 소망의 연주, 사랑의 연주를 들어야 합니다. 그중에 제일 중요한 역할을 하는 것이 사랑입니다. 성부, 성자, 성령을 이야기할 때 앞서거니 뒤서거니 하는 일 없이 신비스럽게도 이 세 분이 한 분인 것을 알게 됩니다. 믿음, 소망, 사랑도 마찬가지입니다.

170

사랑의 합주곡에서 필요한 악기는

믿음, 소망, 사랑 세 가지입니다.

이 중 한 가지만 빠져도

불협화음이 일어납니다.

사랑은 성부, 믿음은 성자, 소망은 성령과 관련이 있습니다.

> ⁷ 사랑하는 자들아 우리가 서로 사랑하자 사랑은 하나님께 속한 것이니 사랑하는 자마다 하나님으로부터 나서 하나님을 알고 ⁸ 사랑하지 아니하는 자는 하나님을 알지 못하나니 이는 하나님은 사랑이심이라 요일 4:7~8

사랑과 하나님은 긴밀하게 연결되어 있습니다. 하나님은 사랑이십니다. 하나님께로부터 사랑이 나옵니다.

> 믿음의 주요 또 온전하게 하시는 이인 예수를 바라보자 그는 그 앞에 있는 기쁨을 위하여 십자가를 참으사 부끄러움을 개의치 아니하시더니 하나님 보좌 우편에 앉으셨느니라 히 12:2

172

믿음은 예수 그리스도와 연결되어 있습니다. 히브리서는 "믿음의 주요 또 온전하게 하시는 이인 예수를 바라보자"라고 전합니다. "믿음의 창시자요 완성자이신"(우리말성경) 예수님을 바라보면 믿음이 나옵니다. 산을 옮길 만한 믿음이 나옵니다. 예수님을 바라보면 죽은 자가 살아나는 믿음이 나옵니다. 그렇게 예수님과 믿음이 연결되어 있습니다.

> 소망의 하나님이 모든 기쁨과 평강을 믿음 안에서 너희에게 충만하게 하사 성령의 능력으로 소망이 넘치게 하시기를 원하노라 롬 15:13

소망에 관한 성경 구절을 찾아보면 모두 성령님과 관련됨을 발견할 수 있습니다. 이처럼 믿음, 소망, 사랑이 삼위일체적으로 서로 도와주고 격려하고 영향력을 주고받습니다. 이제 하나씩 축복을 찾아보겠습니다.

불가능을 가능케 하는 믿음

첫째, 믿음의 축복입니다.

> 믿음은 바라는 것들의 실상이요 보이지 않는 것들의 증거
> 니 히 11:1

믿음은 불가능을 가능케 하고, 없는 것을 있게 하고, 보이지 않는 것을 보게 하고, 죽은 자를 살립니다. 이것이 믿음의 첫 번째 축복입니다.

믿음의 세계는 이성의 세계, 합리성의 세계와 다릅니다. 하나님을 믿지 않는 세상 사람들의 기준은 믿음이 아니라 합리성, 상식, 이성입니다. 세상은 합리성을 중심으로 움직입니다. 그러나 합리성, 이성에는 기적이 없습니다. 합리성의 세계에 기적이 있다면 그것은 이미 합리성이 아닙니다. 세상 사람들은 보리떡 다섯 개와 물고기 두 마리로 5천 명을 먹였다고 하면

"에이~"라고 반응합니다. 합리성, 이성으로 모든 것을 판단하기 때문입니다.

우리는 이성과 합리성의 세계에 살지만 실제로 부딪히는 것은 이성과 합리성을 초월한 일들입니다. 극복이 불가능해 보이는 일들입니다. 내 아들이, 내 사랑하는 아내가 죽을병에 걸렸다면 어떻게 하겠습니까? 이성으로 판단해 봐야 해결할 수 없습니다. 위기를 맞았을 때 합리성에 공을 들인다고 해결할 수 없습니다. 우리는 평상시에 이성과 합리성으로 사는 것 같지만 실제로 인생의 위기, 폭풍, 죽음, 절망에 부딪히면 이성과 합리성을 찾지 않습니다. 그 순간 이성과 합리성은 잊어버리고 믿음의 세계로 들어갑니다.

얼마나 많은 현대인이 불안과 걱정에 휩싸여 불면증에 시달립니까? 이성, 합리성이 이 문제를 해결할 수 있습니까? 합리성은 약을 먹으라고 합니다. 약을 먹으면 어느 정도는 해결되는 것 같습니다. 하지만 궁극적인 문제는 여전히 남아 있습니다. 우리는 모두 언젠가 죽는데 죽음 이후의 문제에 대해 누가 답할 수 있겠습니까? 이성으로 살았던 사람은 이성을 붙잡고 죽는 것입니다. 그래서 필요한 것이 이성이 아닌 믿음입니다.

믿음은 바라는 것들의 실상이며 보이지 않는 것들의 증거입니다(히 11:1). 하나님께서 약속해 주셨기 때문입니다. 성경에서 그렇게 말씀하셨기 때문입니다. 그래서 그 말씀을 붙들고 보이지 않는 것을 보고, 바라는 것을 봅니다. 이것이 믿음의 세계입니다.

크리스천들은 믿음의 세계와 합리성의 세계를 오가며 살고 있습니다. 믿음의 세계와 합리성의 세계 사이에서 궁극적으로 어느 세계를 택할 것인가를 고민합니다. 그러나 합리성의 세계는 갈수록 안 됩니다. 합리성의 세계는 불안합니다. 거부하고, 무시하고, 부정합니다. 그러나 믿음의 세계는 모든 것을 인정하고, 받아들이고, 기뻐하고, 즐거워합니다.

요한복음 20장 25~29절을 봅시다. 예수님의 부활을 믿지 못하던 도마에게 주님은 자기 옆구리를 만져 보라고 말씀하십니다.

> 25 다른 제자들이 그에게 이르되 우리가 주를 보았노라 하니 도마가 이르되 내가 그의 손의 못 자국을 보며 내 손가락을 그 못 자국에 넣으며 내 손을 그 옆구리에 넣어 보지 않고는 믿지 아니하겠노라 하니라 26 여드레를 지나서 제자들이 다시 집 안에 있을 때에 도마도 함께 있고 문들이 닫혔는데 예수께서 오사 가운데 서서 이르시되 너희에게 평강이 있을지어다 하시고 27 도마에게 이르시되 네 손가락을 이리 내밀어 내 손을 보고 네 손을 내밀어 내 옆구리에 넣어 보라 그리하여 믿음 없는 자가 되지 말고 믿는 자가 되라 28 도마가 대답하여 이르되 나의 주님이시요 나의

하나님이시니이다 ²⁹ 예수께서 이르시되 너는 나를 본 고로 믿느냐 보지 못하고 믿는 자들은 복되도다 하시니라 요 20:24~29

보지 못하나 믿는 것, 만질 수 없으나 믿는 것, 이것이 주님이 전하시는 믿음입니다. 또 마태복음에서 예수님이 하신 말씀도 함께 보십시오.

이르시되 너희 믿음이 작은 까닭이니라 진실로 너희에게 이르노니 만일 너희에게 믿음이 겨자씨 한 알 만큼만 있어도 이 산을 명하여 여기서 저기로 옮겨지라 하면 옮겨질 것이요 또 너희가 못할 것이 없으리라 마 17:20

하나님이 약속해 주셨기 때문에, 그 약속의 말씀을 붙들고 보이지 않는 세계를 보려고 하는 것, 인간의 이성으로는 이해할 수 없는 실체에 닿고자 하는 것, 이것이 바로 믿음입니다.

열리는 믿음의 세계

믿음의 두 번째 축복은 믿어지지 않던 하나님을 믿게 하는 것입니다. 이성과 합리성은 하나님을 거부합니다. '어떻게 하나님께서 천지를 창조하셨느냐? 어떻게 예수님이 물 위를 걸을 수 있느냐? 어떻게 죽은 자가 살아날 수 있느냐?' 하며 말씀을 거부합니다. 그런데 이상하게도 내 안에 믿음이 생기면 하나님에 대해 눈을 뜹니다. 하나님을 생각하면 그렇게 어렵고 힘들어도 마음이 평안해집니다. 하나님이 믿어집니다. 내 마음의 문이 열리는 것을 경험합니다. 일 년에 한두 번 교회에 오던 내가 어느 날부터 자꾸만 교회에 오게 됩니다. 믿음이 생겼기 때문입니다.

179

내가 하나님을 믿어서 믿음이 생긴 것이 아니라 하나님께서 믿음을 주셨기 때문에 믿어지는 것입니다. 저는 그날이 '오늘'이길 바랍니다. 믿음이 있으면 자꾸만 하나님에 대해 좋은 생각이 듭니다. '하나님은 하실 수 있다'는 생각이 들고 그것이 믿어집니다. 속으로 '믿습니다'라고 자꾸 해봐야 믿음이 생기지 않습니다. 믿음 없이 하나님의 이름을 부르는 것은 의미가 없습니다.

가장 중요한 것은 예수 그리스도께서 나를 위해 십자가에 못 박혀 돌아가셨다는 것을 믿게 된다는 것입니다. 사실 이처럼 엉터리 같은 말이 어디 있습니까? 2천 년 전에, 30대인 예수님께서 십자가에 못 박혀 죽으신 것을 믿으면 내가 구원받는다는 말을 현대인이 이성적으로 받아들일 수 있겠습니까?

그래서 '내가 어떻게 믿었지?' 하고 돌아볼 때마다 감동받습니다. 이 말도 안 되는 이야기를 내가 어떻게 받아들이고, 예수님을 믿게 되고, 기적을 받아들이고, 희망을 갖게 되고, 하나님을 믿게 되었는지 도무지 이해할 수 없는 것입니다. 제가 목사까지 되었잖습니까. 하나님에 대해 부정적인 태도를 취하다가 어느 날 하나님에 대해 긍정적이 되고, 눈물을 흘리면서 "하나님, 사랑해요"라고 말하고, 일이 잘 되지 않더라도 감사하게 됩니다. 이것을 어떻게 설명할 수 있겠습니까. 이 믿음의 세계는 도저히 상식적으로 이해가 되지 않고, 잡히지도 않고, 동의할 수도 없습니다. 그런데 내 안에 성령이 계시면 믿음의 세계가 열리기 시작합니다. 내 속에 심겨졌던 믿음의 가능성이 극대화됩니다.

절망을 절망케 하는 소망

둘째, 소망의 축복입니다. 소망은 미래를 여는 문이며 절망을 절망시키는 능력입니다. 사람들은 소망을 희망, 꿈, 이상이라고도 합니다. 성경적으로는 두 가지 단어로 표현할 수 있습니다. 하나는 비밀이요, 다른 하나는 약속입니다.

하나님이 그들로 하여금 이 비밀의 영광이 이방인 가운데 얼마나 풍성한지를 알게 하려 하심이라 이 비밀은 너희 안에 계신 그리스도시니 곧 영광의 소망이니라 골 1:27

비밀이 있다고 말씀합니다. 다 드러난 것은 비밀이 아닙니다. 아직 드러나지 않았기 때문에 비밀입니다. 그래서 미래적 의미가 있습니다. 비밀의 내용이 소망을 만드는 것입니다. 크리스천들은 영원한 비밀을 갖고 있습니다. 그 비밀이 예수 그리스도입니다. 우리는 예수 그리스도를 압니다. 그러나 다 안 것이 아닙니다. 영원히 알아 가는 것입니다. 그분이 예수 그리스도이십니다. 예수님은 영광의 소망이십니다.

우리가 이 소망을 가지고 있는 것은 영혼의 닻 같아서 튼튼하고 견고하여 휘장 안에 들어가나니 히 6:19

이 말씀에 '소망은 영혼의 닻'이라는 표현이 나옵니다. 안전하고 튼튼하게 묶어 놓은 영혼의 닻 같아서 소망에 믿음을 걸면 흔들리지 않습니다. 그리스도인들은 하늘에 쌓아 둔 소망을 가진 자들입니다. 그리스도인들은 복된 소망을 기다리는 자들입니다.

> 복스러운 소망과 우리의 크신 하나님 구주 예수 그리스도의 영광이 나타나심을 기다리게 하셨으니 딛 2:13

> 너희를 위하여 하늘에 쌓아 둔 소망으로 말미암음이니 곧 너희가 전에 복음 진리의 말씀을 들은 것이라 골 1:5

성경을 보면 믿음, 소망, 사랑이 함께 나오는 말씀이 많습니다. 믿음 없이 소망 없고, 소망 없이 사랑 없고, 사랑 없이 믿음 없습니다. 소망은 인생의 등대와 같습니다. 소망을 포기하지 마십시오. 당신의 인생, 직업, 가정에서 어려움이 생겨도 마지막까지 소망을 붙들고 있으면 살아납니다.

소망과 성경적으로 비슷한 말이 또 하나 있다고 했습니다. 약속입니다. 구원, 회복, 치유, 평안, 천국 등 성경에 수없이 많은 약속이 기록되어 있습니다. 약속과 소망의 중심에는 예수 그리스도가 서 계십니다. 예수님은 우리에게 현재뿐만 아니라 미래에 관해서도 찬란한 약속을 해주셨습니다. 아브라함은 그 약속을 멀리서 보았습니다. 구약시대의 사람들은 그 약속을 멀리서 보고 죽었습니다. 예수님도 이 비밀, 약속을 남겨 두시고 승천하셨습니다. 그래서 이 비밀, 약속을 아는 사람들은 이 말을 듣기만 해도 가슴이 뜁니다. '와!' 하는 감탄사가 나옵니다. 세상을 이길 능력이 생깁니다.

'사랑'이신 하나님

셋째, 사랑의 축복입니다. 성경에 보면 사랑의 정의를 명확하게 말하고 있습니다. 남녀 간의 사랑, 부모와 자식 간의 사랑, 친구 간의 사랑으로 말하지 않고 '하나님은 사랑(아가페)이시다'라고 한 것입니다.

'하나님은 사랑이시다'라는 말과 '사랑은 하나님이 시다'라는 말은 다릅니다. 만약 '사랑은 하나님이시 다'라고 한다면 인간의 지저분한 사랑도 하나님의 사 랑이라고 오해하게 됩니다. 인간의 사랑과 하나님의 사랑을 뒤범벅해서 혼란스럽게 만듭니다. 그러니까 사랑에 조건이 붙고, 배신이 생깁니다. 인간의 사랑과 하나님의 사랑을 착각하기 때문입니다.

하나님의 사랑은 영원합니다. 하나님의 사랑엔 조 건이 없습니다. 하나님의 사랑은 헌신적이고 희생적 입니다. 하나님의 사랑은 변함이 없고 신실합니다. 진 짜입니다. 그래서 누구든지 하나님의 사랑 안에 들어 오는 사람은 실망하지도 않고 상처 받지도 않습니다. 우리가 상처를 받는 것은 모두 인간의 사랑 때문입니다. '목사의 사랑은 괜찮겠지' 해도 별것 없습니다. 장로의 사랑도 마찬가지입니다. 인간의 사랑은 누구를 막론하고 조건적이고 순간적입니다.

사랑하시는 하나님, 사랑받는 인간

인간의 사랑 표현은 감정적입니다. 그래서 변화가 많습니다. 마치 날씨와도 같습니다. 반면 하나님의 사랑은 감정적이 아니라 의지적입니다.

부부 간의 사랑도 이처럼 감정이 아니라 의지로 해야 합니다. 의지적으로 상대가 어떤 말을 하든, 어떤 실수를 하든 용서하고 받아들이기로 하는 것입니다.

하나님은 인간을 끝까지 사랑하십니다. 인간은 하나님의 사랑을 받기 위해 존재합니다.

사랑을 필요로 하지 않는 인간은 하나도 없습니다.

하나님은 죄 많은 인간을
사랑하기로 결정하셨습니다.
그래서 기분이 나빠도 사랑하시고
우리가 잘못해도 사랑하십니다.
사랑은 의지이기 때문입니다.

당신은 사랑 없이 살 수 있을 것 같습니까? 밥을 굶을지언정 사랑이 없으면 살 수 없습니다. 우리는 그 사랑을 인간의 사랑으로 채우려 하기 때문에 실망합니다. 하나님의 사랑으로 방향을 바꾸십시오. 그러면 당신의 영혼에 샘물이 흘러넘치는 것 같은 감동과 치유와 회복이 일어날 것입니다.

사랑이 없는 나무는 물 없는 나무와 같습니다. 사랑이 없는 인생은 물 없는 사막과 같습니다. 나무 없는 산과 같고 지붕 없는 집과 같습니다. 하나님의 사랑은 모든 것을 용납하고, 용서하고, 실수와 허물까지 받아들이고, 죄까지 용납하는 사랑입니다. 그러나 인간의 사랑은 다릅니다. 인간의 사랑은 모든 것을 거부합니다. 잘한 것, 아름다운 것, 의로운 것까지 다 거부합니다.

대부분의 사람들이 사랑을 생각으로 합니다. 그러나 예수님은 사랑을 실천하셨습니다. 예수님의 사랑은 예수님의 삶의 기록이요 언어의 기록입니다. 진정으로 배신당하고 싶지 않습니까? 후회하고 싶지 않습니까? 참 사랑을 받고 싶습니까? 예수님의 생각, 마음을 품으십시오. 예수님의 사랑을 받아들이십시오. 그러면 축복이 임합니다.

모든 성도는 악보 같은 존재입니다

지금까지 우리는 고린도전서 13장 4~8절에서 사랑의 성품 열다섯 가지를 공부했습니다. 사랑은 오래참고, 사랑은 온유하며, 시기하지 않으며, 자랑하지 않으며, 교만하지 않습니다. 사랑은 무례히 행하지 않으며, 자기의 유익을 구하지 않으며, 성내지 않으며, 원한을 품지 않으며, 불의를 기뻐하지 않고 진리와 함께 기뻐합니다. 마지막으로 사랑은 모든 것을 덮어 주고, 모든 것을 믿으며, 모든 것을 바라고, 모든 것을 견디고, 사랑은 결코 없어지지 않습니다.

이제 마지막으로 고린도전서 13장 13절입니다.

> 그런즉 믿음, 소망, 사랑, 이 세 가지는 항상 있을 것인데 그
> 중의 제일은 사랑이라 고전 13:13

'항상 있을 것이다'라는 말은 '한 가지도 빠지면 안
된다'라는 뜻입니다. 서로가 서로에게 힘을 주고 격려
한다는 것입니다. 사랑의 교향곡을 연주하기 위해서
는 우리 모두 힘을 모아야 합니다. 한 사람도 빠져서
는 안 됩니다. '다들 날 무시하는데', '나 한 사람이야
뭐' 하며 빠져서는 안 됩니다.

당신이 없으면 안 됩니다. '나는 소중하다', '빠져서
는 안 된다'고 스스로 말하십시오. 자리를 붙들고 있
으라는 이야기가 아닙니다. 하나님 나라에 빠지지 말
라는 것입니다. 당신은 중요한 사람입니다. 꼭 필요한
사람입니다. 내가 보기에 별 볼 일 없어 보여도 하나

님이 보시기에는 굉장히 중요한 사람입니다. 믿음, 소망, 사랑이 빠지면 안 됩니다.

'가장 위대한 것은 사랑입니다'(우리말성경)라는 문장은 이렇게 바꾸어 볼 수 있습니다. '믿음 위에 사랑을 세워라. 소망 위에 사랑을 세워라. 사랑 위에 사랑을 세워라.'

당신은 소중한 사람입니다.

하나님 아버지,

믿음, 소망, 사랑 중에

하나도 빠지면 안 되듯이

주여, 우리가 하나님 나라에서

그런 사람이 되게 하옵소서.

예수님의 이름으로 기도합니다. 아멘.